个体学习和知识共享

对团队结构及成员创新行为的影响研究

刘丽丽◎著

GETIXUEXI HE ZHISHIGONGXIANG

DUI TUANDUIJIEGOU JI CHENGYUANCHUANGXINXINGWEI DE YINGXIANG YANJIU

中国经济出版社
CHINA ECONOMIC PUBLISHING HOUSE
北 京

图书在版编目（CIP）数据

个体学习和知识共享对团队结构及成员创新行为的影响研究 / 刘丽丽著.
北京：中国经济出版社，2017.11
ISBN 978-7-5136-4829-5
Ⅰ.①个… Ⅱ.①刘… Ⅲ.①IT 产业—商业服务—研究 Ⅳ.①F49
中国版本图书馆 CIP 数据核字（2017）第 211406 号

责任编辑　张　户
责任印制　巢新强
封面设计　华子图文

出版发行　中国经济出版社
印 刷 者　北京九州迅驰传媒文化有限公司
经 销 者　各地新华书店
开　　本　710mm×1000mm　1/16
印　　张　12
字　　数　160 千字
版　　次　2017 年 12 月第 1 版
印　　次　2017 年 12 月第 1 次
定　　价　58.00 元
广告经营许可证　京西工商广字第 8179 号

中国经济出版社 **网址** www.economyph.com **社址** 北京市西城区百万庄北街 3 号 **邮编** 100037

前　言

面对日趋激烈的全球竞争和不断改变的客户需求，创新成为促进我国IT服务企业发展的根本。设计高效的团队结构，激发员工的创新行为成为管理者面临的主要问题。鉴于此，本书以知识共享和个体学习为切入点，对IT服务企业项目团队的团队结构和成员创新行为进行研究，以期在实践上能够为IT服务企业的管理者提供有效的参考，在理论上能够补充相关研究。本书整个研究内容分为三个子研究，一是考虑沟通成本和学习成本的IT服务企业项目团队的团队结构研究；二是IT服务企业项目团队中员工个体学习和知识共享对创新行为的影响研究；三是IT服务企业项目团队中员工个人价值观对创新行为的影响研究。

在第一个子研究中，本书从知识视角对IT服务企业的创新过程进行解析，将解决问题的过程视为创新项目实现的微观基础，利用沟通成本和学习成本来量化知识共享效率和学习能力，并考虑IT服务企业中客户的创新需求参差不齐的现状，构建出使企业项目期望利润最大化的数学模型。通过对模型的分析，得出不同创新难度下项目团队的最优团队结构，并进一步分析了沟通成本、学习成本和创新难度系数对团队结构的影响。研究结果表明，IT服务企业应该重视企业员工的知识共享效率和学习能力，尤其需要注意的是，个体学习能力是提高企业创新能力的必要条件。本子研究为IT服务企业的管理者构建最优的项目团队提供理论参考，为提高企业人力资源和知识资源的利用率提供决策依据。

根据第一个子研究的相关结论，在知识共享和创新行为的相关研究的基础上，第二个子研究构建了个体学习中知识共享与创新行为之间关系的研究模型。针对中国情境下国有、外资和民营IT服务企业在企业文化和管理体制等方面的差异性，第二个子研究分别对以上三种不同性质的IT服务企业进行了研究模型的验证。分析结果表明，在三种不同性质的IT服务企业中，员工之间的知识共享对个体学习有显著的正向影响，这与过去的研究结果一致；然而，在三种不同性质的IT服务企业中，知识共享对创新行为的影响以及个体学习对知识共享和创新行为之间关系的中介作用却不同。具体来说，在国有IT服务企业中，知识共享对创新行为并没有直接的显著影响，而是通过个体学习对创新行为产生间接影响；在外资和民营IT服务企业中，知识共享对创新行为不仅有直接的显著影响，而且能够通过个体学习对创新行为产生间接的促进作用。因此，IT服务企业的管理者应该重视员工个人学习能力的培养和提高，特别是国有IT服务企业，企业虽然投入大量物力和财力用以提高员工之间的知识共享效率，但是这并不能够达到促进员工创新行为的预期效果。

关注我国IT服务企业中员工个人价值观差异化、多样化的现象，作为第二个子研究的深入和延续，本书的第三个子研究将员工的权力距离和个人/集体主义两个文化维度作为调节变量整合到模型中，探讨两者对IT服务企业员工的创新行为的影响机制，以加深对员工创新行为的影响因素及作用原理的了解。通过对三种不同性质的IT服务企业的实证分析可以发现，在国有和民营IT服务企业的情境中，权力距离对个体学习和创新行为之间的关系存在正向的调节作用。对于个人/集体主义而言，尽管以往研究表明，个人主义与创新存在正相关关系，但是在国有 IT 服务企业的情境中，员工的集体主义导向越强，个体学习对创新行为的促进作用就越强；在民营和外资 IT 服务企业中，该调节作用并不显著。因此，管理者要根据企业自身的组织环境区别对待员工权力距离和个人/集体主义的调节作用。

最后，本书对本研究的结论进行了概括总结，并提出了相应的管理对策，同时，针对本研究的局限性提出了后续研究的方向。

目　录

图目录

表目录

第一章 绪 论

1.1 研究背景和研究问题

1.1.1 研究背景

IT 服务企业是为客户提供信息技术本身或基于信息技术的产品或服务的企业。作为一个新兴的产业，IT 服务业的业务范围涵盖广泛。同时，随着信息通信技术、云计算、大数据和移动互联网等技术的不断发展，IT 服务产业自身也在不断地变化和发展，并由此产生了越来越多的服务类型和业务种类，其主要包括信息技术咨询服务、信息系统集成服务、数据处理、设计与开发服务和运营服务等。客户需求的多样化使得 IT 服务企业所承接的项目大多是跨学科的、富有创造性的。以 ThoughtWorks 中国为例，其将业务主要分为四大类，分别是金融服务、全球医疗、政府和零售。因此，IT 服务企业员工需要获得多领域、专业化的知识，而团队则可以提供一个知识互动交流的空间，以便于有效促进员工之间知识的互补和整合。基于上述原因，IT 服务企业多采用项目管理的方式组建团队以期望能够高效地完成项目，团队已经成为 IT 服务企业的基本工作单元。

总体而言，我国IT服务企业的项目团队呈现以下三个特点：第一，我国IT服务企业的客户创新需求高低不等，进而导致不同项目的团队结构（知识分布和人员分布）存在差异；第二，客户企业的创新需求使我国IT服务企业的创新能力不断提高，每个员工都需要作为出色的创新源而存在；第三，客户群体和企业员工来自不同的文化种群。基于以上三点可以得出，企业员工的个人价值观呈现差异性、多样性。

1. 不同项目团队的团队结构差异

在IT服务企业中，客户需求的创新难易程度参差不齐，可能是像设计高效的物流配送系统一样的中等创新难易程度，也可能是像设计和实现一个新产品一样的高等创新难易程度。客户需求的创新难易程度会直接影响IT服务企业的项目团队构成。例如：对于一个特定项目，团队中负责软件开发的员工若是由程序员和初级软件工程师组成，他们的知识水平是否足以完成任务？是否需要高级软件工程师参与其中？这些问题在很大程度上取决于客户需求的创新难易程度。同时，高技能员工的稀缺，高、低技能员工工资差距的增大，也直接关系着IT服务企业人力资源的有效利用和项目的总体劳动力成本。也就是说，IT服务企业的管理者需要根据创新项目的难易程度及市场价值确定项目的团队结构，进而组建团队，最终使创新项目能够顺利完成并使其成本最小。

团队并不是新事物，它在军事、体育等诸多领域早有应用，在企业中的应用始于20世纪。国内外学者从团队特性（个体能力、角色分配、异质性）、团队冲突管理、凝聚力等方面探索研究了团队绩效和创新力的影响因素及影响机制。以此为基础，学者们进一步研究了团队的组建策略和方法，以期望构建一个高效的团队。

从知识的视角来看，项目团队的运作过程实质上是团队成员在已有知识的基础上，经过知识交流、知识碰撞和知识学习进而利用知识和产生新知识的过程。知识共享和学习在团队运作中至关重要。然而，现有研究鲜有探讨知识共享和个体习能力对团队结构的影响。知识共享效率与学习能力直接决定着团队的沟通成本和学习成本，因此，将沟通成本和学习成本作为团队结构的主要影响因素，研究两者对团队结构的影响，并进一步探究项目创新难易程度对团队结构的影响，以及如何根据项目创新难易程度确定最优的团队结构的研究对 IT 服务企业是有价值的，这是本书的研究动机之一。

2. 员工创新行为在 IT 服务企业中的重要作用

2015 年，全球 IT 支出规模为 3.5 万亿美元，比 2014 年减少了 5.5%。同时，客户企业的要求在改变，早期客户企业选择 IT 服务的最主要动机是追求成本节约，而现在则期望通过 IT 服务企业的竞争力实现增值，或依托 IT 服务企业实现新想法、开拓新市场。我国 IT 服务企业的业务构成从最初的软件代码编写等低端、低附加值业务逐步向行业应用开发、产品研发、咨询服务、解决方案等产业链较高端环节拓展。客户企业希望 IT 服务企业具有创新能力，以满足其业务需求，这就意味着 IT 服务企业的创新能力水平需要不断提高。作为 IT 服务企业的知识载体和创新主体，员工的创新行为是 IT 服务企业提高创新能力的基础和不竭的动力。

企业中员工的知识结构不同，知识共享能够使员工打破知识所有者之间的壁垒，接触多元知识，充分利用彼此的知识资源，进而有助于创新行为的产生。知识共享与创新行为的正向关系已经有较多研究做了理论推断与实践验证。然而，共享知识的内化、整合和应用是和知识共享不同的知识进程，员工创新行为不仅需要知识共享作为支撑，而且还取决于员工对知识的内化、应用。也就是说，员工需要通过个体学习来实现对共享知识的吸收。这表明，进一步探索员工的个体学习对知识共享与员工创新行为关系的影响作用，可能会加更客观地反映知识共享对创新行为的作用机制。同时，现有研究表明，员工创新行为受到组织文化、激励机制、管理体制等组织方面因素的影响。中国 IT 服务企业性质呈现多样化，主要由国有、民营和外资企业组成。不同性质的 IT 服务企业的管理体制和企业文化存在差异。为此，有必要分别对国有、民营和外资三种性质的 IT 服务企业进行分析，理顺知识共享、个体学习和创新行为之间的关系，以期能够更加准确地掌握不同性质的 IT 服务企业中知识共享对创新行为的影响机制。这是本书的研究动机之二。

3. 员工个人价值观的差异性显著

我国 IT 服务企业的客户群体来自世界不同国家、地区。因此，IT 服务过程中会形成来自不同文化种群的成员组成的项目合作团队，成员之间相互影响，使我国 IT 服务企业员工持有的个人价值观呈现差异性。此外，IT 服务企业作为知识密集型企业，企业员工的教育水平相对较高，有留学经历和在外工作经历的人员较多，这种差异性、多样性日渐明显，既包含一部分尊重传统观念的员工，又存在接受西方文化的员工。

国内外学者从国家及组织层面对文化及文化差异对创新的影响进行了研究，而从个人层面探讨个人价值观对创新行为影响的研究较少。然而，Srite 等人指出，利用国家或组织文化这一宏观的文化现象来解释企业员工个人的创新行为是不准确的。企业员工新想法的产生源于个人的内在动力，其个人价值观对员工的创新行为有直接的影响作用。霍夫斯泰德的五个文化维度研究中表明，权力距离和个人/集体主义在中西方的差异较大，并且与创新密切相关。因此，创新行为作为个体行为，为避免生态学谬误（Ecological Fallacy），有必要从个人层面研究个人权力距离和个人/集体主义对知识共享及创新行为的影响，这是本书的研究动机之三。

1.1.2 研究问题

根据上述对研究背景及研究动机的分析，本书主要探讨以下四个研究问题：

（1）在 IT 服务企业中，如何根据项目的创新难易程度确定项目的团队结构以使创新项目能够顺利完成，并使其成本最小。

（2）在 IT 服务企业中，项目的创新难易程度、沟通成本和学习成本怎样影响最优的团队结构。

（3）在不同性质的 IT 服务企业中，知识共享是如何通过个体学习影响创新行为的。

（4）在不同性质的 IT 服务企业中，员工个人的权力距离和个人/集体主义是如何影响知识共享、个体学习和创新行为之间关系的。

1.2 研究目的和研究意义

1.2.1 研究目的

本书基于我国IT服务企业的现状以及现有的关于项目团队以及创新行为的研究成果，以知识共享和个体学习作为切入点，对IT服务企业的团队结构以及员工个人创新行为进行研究，以期在实践上帮助IT服务企业的管理者在团队结构设计以及激发员工创新行为方面提供有针对性的建议和方法。在理论上丰富团队结构和创新行为的相关研究，同时深化并推进学术界对知识共享和个体学习对两者的影响机制研究。因此，本书研究的主要目标包括以下三个方面：

（1）将沟通成本和学习成本作为量化共享效率和学习能力的变量，并考虑创新难易程度差异，构建项目期望利润最大化的最优模型，通过对模型的推导求解，得出最优团队结构。基于知识层级，对IT服务企业的创新过程进行解析，将解决问题的过程视为创新项目实现的微观基础，以团队中各层级中的知识分布和人员管理幅度来刻画团队结构，将沟通成本和学习成本作为主要变量，以完成项目所获得的期望利润最大为目标，构建最优化模型，最终得出不同创新难度的项目的最优团队结构。在此基础上，本书进一步分析项目的创新难度系数、沟通成本和学习成本对团队结构的影响。

（2）研究不同性质的IT服务企业的项目团队中，员工知识共享和个体学习对创新行为的影响机理。通过对相关文献的梳理和分析，构建个体学习中知识共享与创新行为之间关系的研究模型。然后，开发测量量表和调查问卷，在不同性质的 IT 服务企业中进行样本数据的收集，并利用 SmartPLS 2.0 对数据进行分析。

（3）研究不同性质的 IT 服务企业的项目团队中，员工个人的权力距离和个人/集体主义对创新行为的影响作用。在知识共享、个体学习对创新行为的研究模型中，引入个人价值观变量，即权力距离和个人/集体主义，研究其对个体学习与创新行为之间关系的调节作用，意在探索员工个人的权力距离和个人/集体主义对创新行为影响过程，推进学术界对 IT 服务企业中员工个人价值观对创新行为影响机制的认识，同时帮助不同性质的 IT 服务企业管理者在员工选拔和管理策略上提供决策依据。

1.2.2 研究意义

在 IT 服务企业中，就团队层面而言，团队结构是否合理直接关系项目能否顺利完成，同时也关系企业人力资源的利用效率（特别是对高技能员工的有效利用）；就个人层面而言，员工个人的创新行为在 IT 服务企业的创新项目实现过程中扮演关键角色，对企业整体竞争力的提高也有重要影响。因此，构建团队结构的优化模型和研究员工创新行为的影响因素和影响机制对于相关理论研究和 IT 服务企业管理者都具有重要的意义。

从理论上来说，本书具有以下研究意义：

（1）本书从知识的视角，考虑项目的创新难易程度的差异性以及沟通成本和学习成本来研究项目团队的团队结构。通过对现有研究成果的分析可知，以往团队结构的研究主要集中在个人能力、异质性等方面。本书从知识的视角，将团队的运作看作是知识交流、知识碰撞和知识学习，进而产生新知识的过程，构建使企业项目期望利润最大化的数学模型。一方面，本书的研究将解决问题的过程视为创新项目实现的微观基础，将沟通成本和学习成本作为创新实践过程中的重要因素，量化了知识共享和个体学习对团队结构的影响，从而更为全面地认识了知识共享和个体学习对团队结构和团队创新的影响。另一方面，本书的研究针对 IT 服务企业的项目创新难易程度参差不齐的现状，从新的视角对团队结构的研究进行了补充，丰富了学术界在此领域的相关研究。

（2）本书引入了个体学习构念，研究其在不同性质的 IT 服务企业中对知识共享与创新行为之间关系的影响作用。一方面，在现有的相关研究中，知识共享对创新行为的影响过程基本处于黑箱状态，学术界对其中的影响作用机理研究较少。本书将个体学习作为中介变量，探究知识共享对创新行为的影响机制，丰富和完善相关研究。另一方面，以往研究中关于组织情境因素对创新行为影响的研究较为丰富，大多数研究只是针对某一个组织情境因素来研究它的影响作用，但员工所处的组织环境是一个复杂的体系。本书依据中国情境下不同性质的 IT 服务企业呈现不同的组织环境，将不同性质的 IT 服务企业作为一个整体的组织情境因素，分别分析了不同性质的 IT 企业中，个体学习、知识共享对创新行为的影响机制，补充了过去研究的不足，也进一步深化了学术界对不同情境下个体学习、知识共享对创新行为的不同影响机制的理解。

（3）本书关注 IT 服务企业中员工在权力距离和个人/集体主义维度上个人价值观的差异性，并研究了其对员工个人创新行为的影响作用。首先，基于文化和文化差异视角，现有对创新行为的相关研究主要集中在国家或组织层面，鲜有学者关注个人层面的文化价值观。因此，本书的研究弥补了相关研究的缺失和不足，为学术界认识个人价值观对创新行为的影响奠定了基于实证检验的新的基础，扩宽了创新行为相关研究的视野。

从实践角度，本书的研究意义主要有以下三点：

（1）关注项目创新难易程度的差异性，通过对项目团队的团队结构进行研究，期望为企业管理者提出一种依据项目创新的难易程度组建团队的合理方法，同时，为提高承接创新难度较大的项目的能力提供对策和建议。本书的研究从知识的角度，基于问题解决描述了创新项目的实现过程，帮助管理者认识并了解在项目团队中知识的沟通效率和学习能力是如何影响项目实现的。同时，通过对最优团队结构的求解，为 IT 服务企业的管理者提出一种根据项目的创新难易程度确定团队结构的方法，使企业的人力资源特别是高技能员工能够得到有效利用，实现知识的复用经济和专家知识经济。此外，本书通过对创新难度系数、沟通成本和学习成本对团队结构的影响作用分析，使管理者了解沟通成本和学习成本对团队结构的重要性和影响机制，使企业管理者能够根据本企业的沟通成本和学习成本，合理地进行人力资源管理。

（2）针对不同性质的 IT 服务企业，研究员工个体学习、知识共享对创新行为的影响，能够有针对性地对不同性质的 IT 服务企业的管理者为提高员工创新行为提供有效的对策和建议。本书的研究以个体学习作为中介变量，研究在不同性质的 IT 服务企业中其对知识共享和创新行为之间关系的中介作用的差异，提示企业管理者在投入人力和物力加强企业信息技术基础设施建设，构建诸如知识库、知识网络等时，并不能够得到必然提高员工的创新行为的结果。管理者应根据企业不同的组织环境，有所侧重地进行知识共享网络的构建以及员工个体学习能力的培养。

（3）针对不同性质的IT服务企业，研究员工个人价值观对创新行为的影响机制，为管理者在人力资源管理方面提供管理建议。本书的研究从个人层面研究不同性质的IT服务企业中员工在权力距离和个人/集体主义维度上个人价值观对员工个人创新行为的影响作用。这有助于企业管理者更好地展开人力资源管理工作，通过选拔、激励、培训等人力资源策略，培养和强化员工有益于创新行为的文化价值取向，最终提高企业的整体创新能力。

1.3 研究内容和结构安排

1.3.1 研究内容

本书以IT服务企业创新项目团队为研究对象，分别从团队层面和个人层面探索知识共享和个体学习对IT服务企业不同创新难易程度的项目团队的最优团队结构和员工创新行为的影响机制。首先，在团队层面，基于知识层级，对IT服务企业的创新过程进行解析，考虑创新难易程度差异，进而构建使企业项目期望利润最大化的优化模型，得出IT服务企业不同创新难度项目的最优团队结构。其次，在知识管理、企业文化和创新行为等理论研究的基础上，将研究层面进一步细化至个体层面，以个体特征与组织情境两者的共同作用为视角对知识共享、个体学习和个人价值观影响IT服务企业员工创新行为的作用机制进行研究。本书研究的总体构思框架如图1.1所示，整个研究可以分三个子研究，分别为图1.1中三个虚框内的内容。

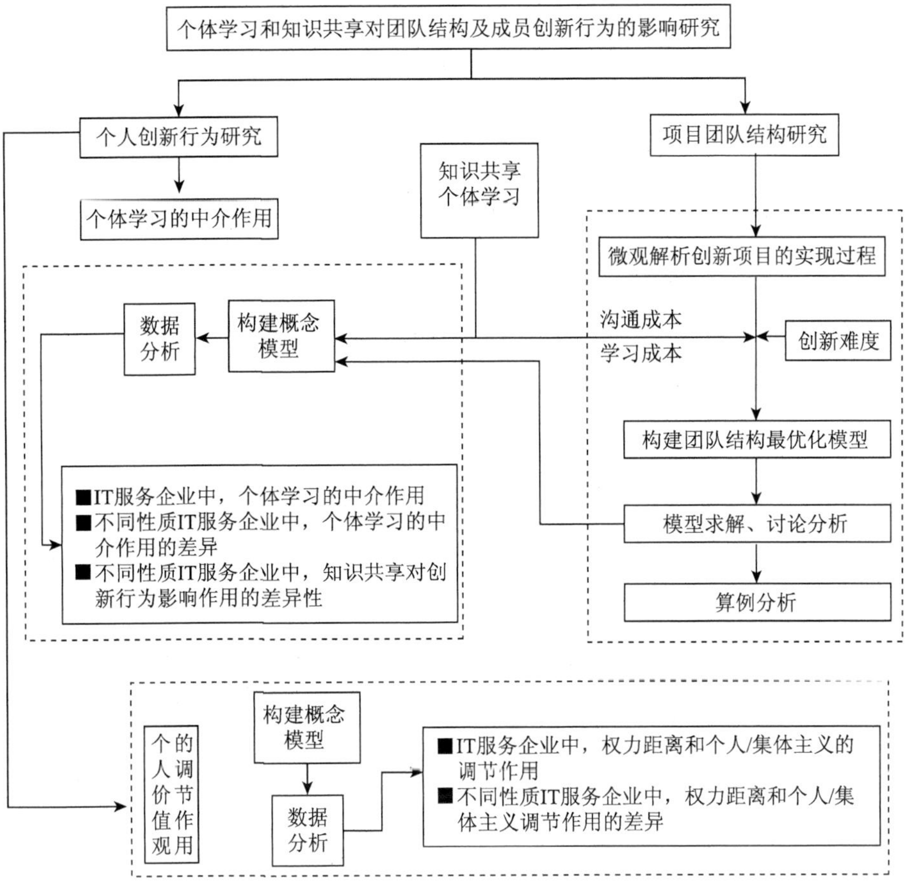

图 1.1 研究总体构思框架

子研究一是针对创新难易程度的不同，构建出项目期望利润最大的团队结构模型，如图 1.1 中右上方虚框的内容。本子研究利用沟通成本和学习成本量化知识共享和个体学习对团队结构的影响，将其作为创新实现过程中的重要变量构建模型。具体而言，即是通过对 IT 服务企业的创新过程进行解析，考虑创新难易程度差异，将解决问题的过程视为创新项目实现的微观基础，将沟通成本和学习成本作为主要成本构建出项目期望利润最大化的优化模型，求解得出 IT 服务企业不同创新难度的项目的最优团队结构。最后，本研究又分别分析了沟通成本、学习成本和创新难易程度对团队结构的影响。

在子研究一的基础上，本书将研究层面进一步细化到个体层面，研究员工个人的创新行为。根据第一个子研究的研究结论以及相关研究，子研究二将研究重点集中在个体学习上，提出了个体学习中知识共享和创新行为的研究假设，探讨不同性质的 IT 服务企业中员工个体学习对知识共享与创新行为关系的中介作用，如图 1.1 中左上方虚框的内容。研究路径为，首先，在相关理论的基础上构建理论模型。其次，利用问卷数据对模型进行检验，得出在不同性质的 IT 服务企业中知识共享对创新行为的影响机制以及个体学习中介作用的差异。

子研究三探讨了在不同性质的 IT 服务企业中员工的个人价值观对个体学习与创新行为关系的调节作用，如图 1.1 中左下方虚框的内容，这是对子研究二的深化和延续。众多研究表明，在霍夫斯泰德的五个文化维度中，个人/集体主义和权力距离与创新行为密切相关。因此，在子研究三中，我们从个人/集体主义和权力距离这两个维度探讨了其对创新行为的影响作用。

1.3.2 结构安排

本书共分为六章，各章节的结构安排如图 1.2 所示。

第一章 绪论
※研究背景和研究问题 ※研究目的和研究意义
※研究内容和结构安排 ※研究方法和技术路线

⇓

第二章 相关理论基础及述评
※IT服务企业项目团队的相关研究述评 ※创新行为的相关研究述评
※个体学习的相关研究述评 ※知识共享的相关研究述评

⇓

第三章 考虑沟通成本和学习成本的IT服务企业项目团队结构研究
※问题背景 ※问题描述和假设 ※模型建立 ※模型求解
※分析讨论 ※算例分析 ※模型扩展 ※管理启示

⇓

第四章 IT服务企业项目团队中个体学习、知识共享对创新行为的影响研究
※问题背景 ※概念模型和研究假设 ※研究过程
※数据分析 ※研究结果和讨论 ※管理启示

⇓

第五章 IT服务企业项目团队中员工个人价值观对创新行为的影响研究
※问题背景 ※概念模型和研究假设 ※研究过程
※数据分析 ※研究结果和讨论 ※管理启示

⇓

第六章 结论与展望
※主要研究结论 ※主要创新点 ※管理启示 ※研究不足和未来展望

图 1.2 本书结构框架

第一章主要阐述了本书的研究背景，提出了本书的研究问题，明确了研究目的，从理论上和实践上阐述了本研究的研究意义，论述了本书的三个子研究的研究内容及内在联系和逻辑关系，介绍了本书的研究方法和技术路线。

第二章对有关本书的相关文献进行综述。首先，回顾了项目团队的相关研究，总结了影响团队绩效和创新力的因素，分析了现有研究的不足，形成本书第一个子研究的切入点。第二，梳理和总结了创新行为的影响因素研究，为本书开展第二个和第三个子研究提

供了理论准备和研究基础。第三，比较全面地回顾了在组织学习理论下个体学习的内涵和相关研究，并分析了现有研究的不足，为本书第二个子研究提供了研究的逻辑出发点。第四，对知识共享的当前研究现状进行了梳理和总结，进而指出知识共享和创新行为当前研究的局限，从而引出本书的第三个子研究。最后，对本书相关的理论研究进行了小结，分析了以往研究成果对本书研究的启示，同时提出以往研究的不足和局限性，阐明了本书研究的必要性和合理性。

第三章是本书的第一个子研究。首先，介绍了该子研究的研究背景。其次，基于知识层级，考虑创新难易程度差异，构建使企业项目期望利润最大化的数学模型。再次，通过对模型的求解，得出不同创新难度项目的最优团队结构，讨论创新项目的创新难度系数、沟通成本和学习成本对团队结构的影响。最后，指出了该子研究的管理启示，并对该子研究进行小结。

第四章是本书的第二个子研究。首先，阐明了该子研究的研究背景。其次，在相关理论研究的基础上，通过逻辑推导，提出相关研究假设，构建概念模型。第三，介绍了该子研究主要使用的数据收集、数据分析方法等。再次，报告了数据分析结果，并对结果进行了讨论。最后，论述了该子研究的管理启示，并对本子研究进行小结。

第五章是本书的第三个子研究。首先，论述了该子研究的研究背景。其次，在相关理论的基础上，结合 IT 服务企业的现实情况，通过分析和推导，提出相关研究假设，构建概念模型。第三，介绍了该子研究主要使用的数据分析方法。再次，报告了数据分析结果，并对结果进行了讨论。最后，论述了该子研究的管理启示，并对本子研究进行小结。

第六章总结全文，归纳本书研究的主要研究结论，总结论述了主要的研究结论和实践启示，阐述了本书研究可能的创新之处，并指出了本书研究的局限性以及未来可能的研究方向。

1.4 研究方法和技术路线

1.4.1 研究方法

本书以管理学、运筹学、统计学等学科知识为基础，研究了符合中国国情的 IT 服务企业的项目团队的团队结构和员工的创新行为，运用的研究方法主要有：

(1) 文献研究。本书的研究采用文献综述的研究方法，对项目团队、创新行为、个体学习和知识共享的国内外相关文献进行系统检索、整理与阅读，对各个变量的内涵、维度构成与测量，以及影响因素和结果作用等进行述评，以把握现有研究的整体情况，并识别现有研究存在的不足之处。在此基础上，结合我国的 IT 服务行业的实际背景，明确本书所要研究的相关问题，提出本书的理论架构。

(2) 数学模型。在团队结构相关研究的基础上，将解决问题的过程视为创新项目实现的微观基础，考虑创新难易程度差异性，构建使企业项目期望利润最大化的非线性规划模型，进而得出 IT 服务企业中不同创新难度的项目的最优团队结构，并分析项目创新难度、沟通成本和学习成本对团队结构的影响。

（3）访谈法。通过对 IT 服务企业员工及管理者的深度访谈，了解企业员工的工作方法和特征、创新行为的表现、关键的影响因素与制约因素，征询他们对企业组织环境的看法等。本书采用访谈法与文献分析法交替进行的方式，共同对研究框架的确定提供理论与实践的支持。

（4）问卷调研法。在社会科学的研究中，问卷调研是最为普遍的数据收集和使用的方法。首先，根据研究目的，以本研究相关的研究文献为基础，借鉴国内外成熟量表，确定概念模型中变量的测量题项。其次，通过对企业进行现场调查、电子邮件调查的方式分别对位于西安、北京的大型 IT 服务企业进行大规模的发放调查问卷，使样本具有代表性、随机性，降低问卷的有偏性。

（5）统计分析法。根据研究目的的需要，本书采用的统计方法包括信度检验、效度检验、结构方程模型的拟合检验等，并选用 SPSS Statictics 17.0 和 SmartPLS 2.0 统计软件作为分析工具。

1.4.2 技术路线

本书的研究在对 IT 服务企业的访谈、调研和前期文献阅读所形成的研究兴趣的基础上，通过进一步的文献梳理后确定了本书的研究背景和研究问题；运用数学建模、实证研究两种方法进行研究，最终形成研究结论，本书的研究过程遵循图 1.3 所示的技术路线。

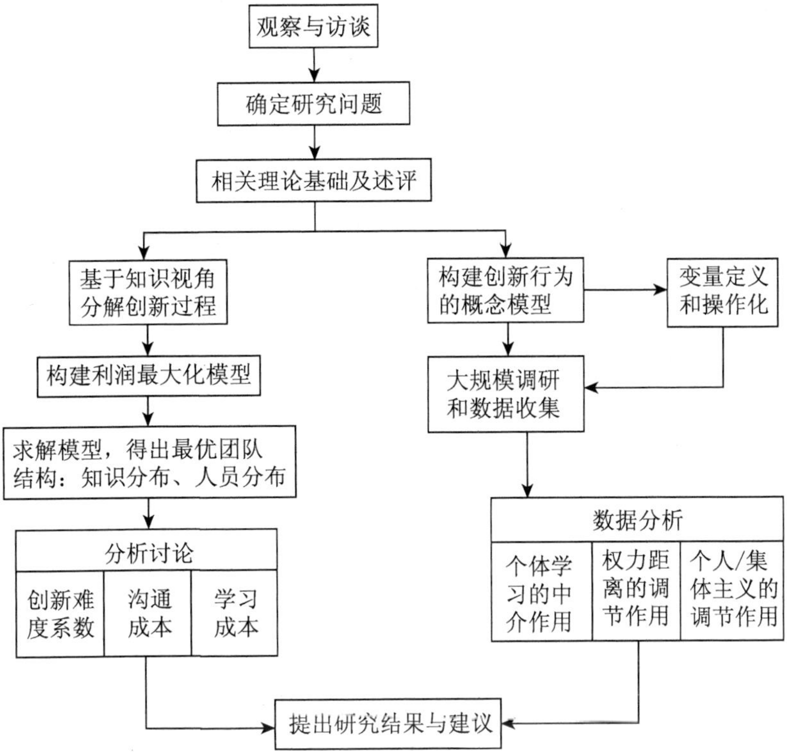
观察与访谈
确定研究问题
相关理论基础及述评
基于知识视角分解创新过程
构建利润最大化模型
求解模型，得出最优团队结构：知识分布、人员分布
分析讨论
创新难度系数
沟通成本
学习成本
构建创新行为的概念模型
变量定义和操作化
大规模调研和数据收集
数据分析
个体学习的中介作用
权力距离的调节作用
个人/集体主义的调节作用
提出研究结果与建议

图 1.3 技术路线

第二章　相关理论基础及述评

本章在本书所确定的研究问题的基础上，针对研究问题中所涉及的主要研究变量，分别对项目团队、创新行为、个体学习和知识共享的国内外相关研究进行文献梳理和述评，为本书的研究打下良好的理论基础。

2.1　IT 服务企业项目团队的相关研究述评

2.1.1　IT 服务企业项目团队的界定

在激烈的竞争环境下，企业面临着诸多来自内部和外部的挑战。为适应这种竞争环境，许多企业采用团队的组织方式。随着团队在实践领域被广泛应用，20 世纪 80 年代来自经济学、管理学领域的学者也掀起了团队相关理论的研究热潮。美国学者 Katzenbach 和 Simth 将团队与群体进行区别，认为团队就是由少数拥有互补技能、为共同的目的而相互承担责任的人们组成的群体。Robbins 认为，团队是一种为了实现某一目标而由相互协作的个体所组成的正式群体。同时，Robbins 还总结了高效团队的八个特征，即明确的目标、相关的技能、良好的沟通、相互间信任、谈判的技能、合适的领导以及内部的支持与外部的支持。因此，团队是由为数不多的人组成，团队成员在知识、技能上互为补充，彼此之间共同协作，相互影响，最终实现团队目标。

在总结前人研究的基础上，Cohen 将团队分为四类，第一类是工作团队（Work Teams），是指生产产品或提供服务的团队，团队成员构成比较稳定，并且通常是全职的；第二类是平行团队（Parallel Teams），是指由来自不同的单位或岗位的员工组成，与组织的正式组织结构并存的，负责一些组织不能解决或解决不好问题；第三类是管理团队（Management Teams），是由负责各分部门的管理者组成的对企业整体绩效负责的团队；第四类是项目团队（Project Teams），是指由来自不同领域的员工组成的，生产一次性产出（例如新产品或服务）的，与项目相关的临时性的团队。在多数情况下，项目团队的任务是在原有产品或技术上进行改进或是产生全新的概念，是需要大量知识的非重复性的工作。管理团队特别是高层管理团队（Top Management Team），作为企业战略决策的主要制定者，负责对整个企业进行协调和规划，对企业的发展有深远的影响。

在当代 IT 服务行业中，创新是 IT 服务企业的宗旨之一。由于 IT 服务业务的创新性和复杂性，员工个人的知识常常不能满足项目的需要，而团队恰恰可以为员工提供一个知识共享和互动的空间，能够促进员工知识的互补和整合。

2.1.2 IT 服务企业项目团队的相关研究述评

本书对项目团队的相关国内外文献进行搜集和整理后，将目前项目团队的研究方向归纳为三个主要方面，具体如图 2.1 所示。第一，研究项目团队的特征对团队绩效和创新力的影响；第二，研究团队运行过程中的冲突、沟通、凝聚力、行为整合等与团队特征的关系，以及对团队绩效和创新力的影响；第三，研究项目团队的任务特性和组织环境对团队绩效和创新力的影响。

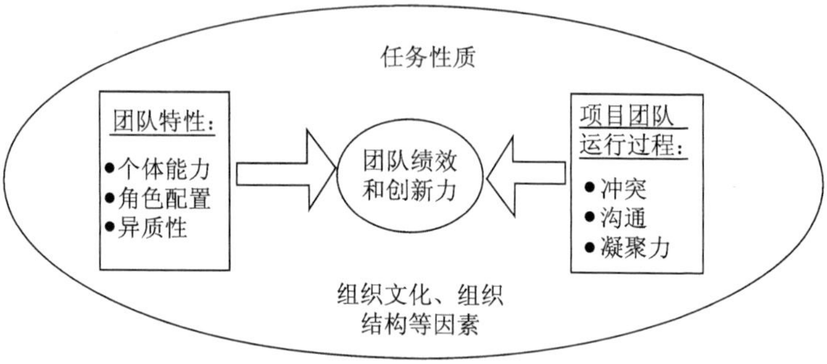

图 2.1　团队相关研究归纳

1. 项目团队特征

团队特性往往被概括为团队成员方面的变量，一般通过团队成员的个体能力、角色配置、异质性结构等方面进行描述。基于组织管理学和管理心理学，张崴和王续琨在团队结构研究的基础上，选取具有不同结构特征的科研团队开展探索性案例研究，发现成员的知识水平和专业技对团队创造力有显著影响，而团队成员个性特征的影响不明显。Pieterse 等人指出，员工的学习目标导向正向调节文化多样性与团队绩效的关系，即随着员工目标导向的增强，文化多样性对团队绩效的促进作用越强。

在角色配置方面，Eric Chong 通过模拟实验发现，团队中的创新者、协作者和协调者与团队绩效存在显著的相关关系。通过对某企业的 92 个研发团队中 1023 个成员的研究，Young 等人指出，个人与团队的匹配度影响着团队凝聚力和团队绩效。Tost 等人探索了针对团队领导的主观经验权力（Subjective Experience of Power）对团队绩效的影响，发现具有正式职位且具有高主观经验权力的领导阻碍了团队沟通效率，进而降低了团队绩效。

一般而言，团队异质性一般指团队成员之间人口特征、价值观、经验、知识等方面表现出来的差异性。团队的异质性问题被各领域学者广泛关注，相关研究较为丰富。Porac 等人以研究背景和工作这两方面差异较大以及在这两个方面都相似的两个科研团队为研究对象，经过对比研究发现，前者的论文发表数量比后者多。知识异质性能为成员提供更多的想法和观点，激发他们思考，进而促成新的想法。王兴元和姬志恒将团队知识异质性分为团队显性知识异质性、团队伪隐性知识异质性、团队真隐性知识异质性，实证研究了它们对团队创新绩效的影响作用。结果表明，显性知识异质性的作用并不显著，伪隐性知识的异质促进了团队创新绩效，而真隐性知识异质性阻碍了团队创新。

另外，研究表明交互记忆系统能够发挥不同领域专家的最大优势，防止信息和知识的重复和冗余，对知识的沟通和有效利用有显著的影响作用。然而，传统的交互记忆系统的相关研究都默认假设：系统中的元知识是均匀分布在团队中的。为了更贴近现实，Mell 等人放松了这一假设，利用实验的方法对比了具有中心化元知识和分散化元知识的互记忆系统对团队绩效的促进作用，结果表明，具有中心化元知识的交互记忆系统更具优势。

此外，对于团队特征方面的研究还集中在团队组建方面，其目的是优化团队的成员构成以提高团队绩效。在团队组建方法方面，孙薇等人利用超网络从微观知识角度定量计算人员相互之间的相似度，提出合理组建创新团队的方法；Fan 等人将团队成员的个人信息和成员之间的协作性信息作为团队成员选择的标准，以此组建团队；Feng 等则根据团队成员协作能力的重要性，建立了多目标 0—1

规划模型；D'Souza 等人提出了团队组建过程中完成任务所需的技能与员工个人特性对成员选择的重要性。

2. 项目团队运行过程

由上文可知，在团队中，成员在各方面都存在异质性，这些异质性一方面能够激发团队成员的创造力，另一方面也使得项目团队面临着冲突、沟通等方面的问题。因此，如何处理这些不和谐的因素，有效化解冲突，提高团队凝聚力使项目团队能够积极发挥团队的正向效应也成为相关领域的研究重点。

一般而言，冲突可以分为任务冲突和关系冲突两类，前者是针对工作内容的不同意见，后者是针对人际关系的不和。Karena 等人针对团队员工感知任务冲突和关系冲突的不对称性构建模型，通过对 51 个团队的数据分析发现，当成员个人感知冲突比其他成员多时，他们将减少合作和沟通行为，进而降低个人绩效。基于中国实际国情，赵可汗等人将中庸思想和领导成员交换关系引入冲突管理中，实证研究发现，当团队成员中庸思想以及感知到的领导成员交换关系总体水平高时，关系冲突对信息深度加工的负效应显著降低。

团队凝聚力是团队的一个重要特性。李树祥等人指出，团队凝聚力中介了团队多样性氛围和团队创造能力之间的关系。Wong 认为，团队凝聚力、群体之间频繁的信息沟通交流是影响团队学习能力的重要因素。John 则提出，团队凝聚力和团队绩效是互惠的关系，即凝聚力能够提高团队绩效，同时团队绩效同样也可以提高凝聚力，John 并利用结构方程模型对为期 10 周的纵向数据进行分析验证了这一假设，丰富了团队凝聚力的相关研究。

任何团队都需要以沟通为基础，沟通是团队成员交流感情和交换信息的方式，只有有效的沟通才能形成高效的团队。相关研究中团队沟通一般作为中介变量或调解变量而存在，它同成员的个性特点、认知风格、领导的管理方式、团队氛围等都对团队绩效或创造力产生交互影响。例如：吴隆增等人针对辱虐管理这种领导行为，通过跨层级回归验证了辱虐管理对团队绩效的负向影响，同时发现，团队沟通完全中介辱虐管理与团队绩效之间的关系。Kathleen 等人运用实验的方法验证了沟通和信任在变革型领导与团队绩效和创造力的关系。

3. 任务特征和组织环境因素

工作的任务特征和组织环境因素是研究团队绩效和创造力的重要情境变量。Rousseau 和 Aube 将任务惯例化作为调节变量，探索了其对团队自我管理行为和团队效能之间关系的调节作用。研究发现，当任务惯例化水平越低时，两者之间的正向关系越强。张子源等人从团队协调机制出发，实证探索了内隐协调对团队创造力的影响以及任务惯例化和任务互依性对两者关系的调节效应。结果表明，内隐协调对团队创造力有显著的正向影响；同时，当任务惯例化程度越低或互依性程度越高时，这种正向影响作用的越强。同样，Chung 和 Jackson 验证了知识密集型团队中的任务特征对团队绩效的影响作用。Rayner 将个人的认知风格分为三种，学习型风格、计划型风格和创造型风格。组织结构影响着组织内不同团队或成员间的知识沟通与分享，进而影响着团队或成员的绩效。杨付和张丽华等人基于团队个人的认知风格和工作单位组织结构两个视角，运用分层线性模型，探讨了个人的不同认知风格及工作单位结构对团队中个人创新行为的影响。结果表明，学习型风格、创造型风格对创新行为具有显著的正向影响，同时，工作单位组织结构调节了他们之间的关系。齐旭高等人利用组织层面的组织结构和团队层面的知识整合能力构建了影响团队绩效的跨层次概念模型。通过数据分析发现组织，结构特征各维度均对团队绩效产生跨层次影响，知识整合能力则在不同类型的组织结构中产生不同的中介效应。

通过对项目团队相关文献的广泛阅读和梳理发现，现有研究主要集中在团队的特征，团队运行过程中的冲突、沟通、凝聚力等以及一些情境因素对团队绩和创新力的影响和根据这些影响因素如何构建一个高效的团队这两个方面。从知识的视角来看，这两个方面的研究目标都是探索阻碍团队成员之间知识交流、共享和学习等知识活动的因素、运行机制以及解决方法。作为知识密集型企业，我国 IT 服务企业的项目团队的运作过程实质上是在团队成员已有知识的基础上，经过知识交流、知识碰撞和知识学习进行利用知识和产生新知识的过程。因此，团队成员的知识共享和学习在团队运作过程中起着非常重要的作用。

2.2 创新行为的相关研究述评

随着全球 IT 服务竞争的加剧以及客户创新需求的提高，创新成为我国 IT 服务企业保持竞争优势的关键因素。创新行为作为企业创新的源泉，是企业创新的基石。本节首先对创新行为的内涵等进行概述；其次，针对创新行为的影响前因对创新行为进行文献综述，进而明确个人创新行为研究的最新进展及尚待解决的问题。

2.2.1 创新行为的界定

1912 年，美籍奥地利经济学家熊彼特在《经济发展理论》一书中首次提出创新理论后，创新一直都是经济学家和管理学家关注的热点话题。创新可分为组织、团队和个体三个层面，其中基于个体层面的创新行为是组织创新的核心，其行为结果延伸扩散至团队创新，最终构成组织创新。因此，如何激励企业员工表现出创新行为是企业界和学术界的重要议题。

对于个体层面创新行为的界定，早期的研究者们最初给出的是“一阶段”观点。例如，Amabile 将个体创新行为定义为个人在其工作中主动提出的新的想法、新的流程或新的解决问题的方法。随着研究的深入，许多学者提出了基于个体层面的创新行为的多阶段定义，现将部分有代表性的阶段划分归纳如表 2.1 所示。

表 2.1 创新行为阶段划分主要观点

	代表学者	主要阶段
两阶段观点	Zhou 和 Gcorge	创新构想的产生；创新构想的实施
三阶段观点	Scott 和 Bruce1	确定问题、产生构想或解决方式；找寻支持新构想的一切资源；创新构想“产品化”
五阶段观点	Kleysen 和 Street	寻找或探索机会；产生构想；评估构想；获取支持；实施与应用
八阶段观点	Kanter	搜集信息；发现机会；针对机会产生构想或解决方法；试验构想与解决方法；调动资源；说服及影响他人；挑战与冒风险；修正

从表 2.1 中可以看出，虽然不同学者对创新行为的阶段划分有不同的观点，但是对其总体过程的认识是相对一致的，都遵循由产生创新构想，到执行和应用创新构想的过程。在本书的研究中，鉴于 IT 服务的产业背景，本书将员工创新行为预设为三个阶段，即员工创新行为是由个体识别问题开始，进而产生创新构想或解决方案，并为自己的创新想法寻求支持，将其付诸实践，最终形成商品化产

品或服务的活动，并将其定义为"IT 服务企业员工自己产生或引进他人的新想法，并将新想法付诸实践的行为"。

2.2.2 创新行为的影响因素研究述评

创新行为是组织创新的源泉和起点，企业的任何创新都离不开员工创新行为。因此，识别和探索能够激发、推动员工创新行为的因素，以及探索其对创新行为的作用机制是管理学相关领域中研究的热点。

总结国内外研究学者的相关文献，我们发现研究学者们主要从以下三个视角进行分析：一是从个体特征角度，考察个体因素对创新行为的影响，例如：个体智力、动机、认知风格、目标导向等个体特征与创新行为的关系；二是从环境特征角度，考察情境因素对创新行为的影响，例如：工作自主性与挑战性、团队学习行为、领导风格、组织创新氛围等情境因素与创新行为的关系；三是综合考察个体与情境因素的交互作用对个体创新行为的影响。

1. 个体要素

对个体因素方面的研究，研究学者们更多关注的是具有何种特征的个体更具有创造力，许多学者对此都有过系统研究。通过对国内外相关研究的搜索和梳理，结果如表 2.2 所示。

表 2.2 个体因素对创新行为影响作用的相关研究示例

影响因素	研究者	结 论
自我效能	Thomas 和 Lorenzo	自我效能感的增强能够提高创新行为（想法的产生、传播和实施）
	顾远东和彭纪生	实证检验了创新自我效能感对员工创新行为的影响；组织创新氛围通过自我效能感对员工创新行为产生影响
	李颖等人	支持性人力资源实践通过自我效能感对创新行为产生影响

续表

影响因素	研究者	结论
主动性人格	Kim	主动性人格与员工创造力正向相关
	逄键涛和温珂	高水平的工作满意度在主动性人格对员工创新行为的关系中起调节作用
	张振刚等人	主动性人格对创新行为有显著的正向影响；心理安全感在员工的主动性人格与创新行为之间的关系中具有调节作用
动机	冯旭等人	内部动机对个人创新行为具有直接的显著影响；外部动机通过对内部动机对个人创新行为产生间接影响
	Toon 等人	内在动机完全中介基础需要满足创新行为的关系
	Grant 等人	社会动机能增强内在动机对创新的促进作用
认知方式	李敏和杜鹏程	差错认知与创新行为正向相关；外激励偏好正向调节差错认知氛围与创新行为的关系，内激励偏好则相反
	Erez 等人	团队成员认知风格对创新行为的影响受到团队效能的调节作用
心理契约	Feldman 和 Lam	心理契约破裂对创新行为有显著负向影响
	Tsan 等人	工作投入和资源调节交易型契约和关系型契约与创新行为的关系
心理预期	Yuan 等人	员工对正向绩效结果的预期对个人创新有显著的正向影响，而员工对自身形象结果的预期则与之相反
文化	Eisenberg	个人/集体主义对奖励与创新绩效之间关系的调节作用存在显著差异
	Bouncken 等人	个人在权力距离维度上的差异性造成的冲突对创新有显著的影响
	吴沙沙和顾建平	主管权力距离对员工创新构想的产生和执行的影响，主管的权力距离员工创新构想的产生反向相关，却与员工创新构想的执行正向相关

从表 2.2 可以看出，影响创新行为的个体因素大体上分为心理因素、认知因素、动机因素、性格因素和文化因素等。企业员工参与或推动创新的意愿，以及对问题的识别，新方法、新构思的产生与执行能都受到这些因素的影响。举例来说，Thomas 和 Lorenzo，顾

远东和彭纪生，Feldman 和 Lam，Tsan 等对自我效能、心理契约和心理预期等心理因素进行研究。李敏和杜鹏程，Erez 等人则探索了不同的认知风格对创新行为的影响。Eisenberg，Bouncken 等人，吴沙沙和顾建平则研究了个人文化价值观对创新的直接或间接的影响。

2. 环境要素

个体的创新行为是在组织或团队中进行的，个人存在的外部环境也会影响到个体创新行为。外部环境因素涉及的内容很广泛，大体包括组织要素和工作特征要素等。

在组织层面的研究中，学者们对组织创新氛围的研究较为丰富。许多研究表明，恰当的组织创新氛围能极大地促进员工的创新行为。连欣等人通过跨层次研究，印证了组织创新氛围对创新行为的直接影响作用，同时发现工作例行性对组织创新氛围与个体创新行为具有调节作用，即当工作例行性程度高时，创新氛围的促进作用会显著降低。除了组织氛围，组织文化、奖励机制、组织结构等也是影响员工创新行为的重要因素。其中，组织文化是指被组织多数成员共同遵循的价值观、基本信念和行为规范，它对组织成员的行为方式有很大的影响。杨晶照按照内部整合和外部适应两个维度将组织文化分为四种不同类型，分析发现不同类型的组织文化对员工创新行为的影响存在差异。在奖励机制方面，Yu 等人通过定量的实证研究发现，企业物质奖励对员工创新行为的作用呈现“倒 U 型”，同时指出物质奖励与员工的内在动机对创新行存在交互作用。另外，扁平化组织结构、高质量的领导—成员关系都有利于个体创新行为的发生。

在工作特征方面，研究表明：工作自主性、挑战性和工作任务的复杂性对创新行为有影响作用。例如：Stan 等人发现工作不安全性和自主性能够直接影响创新行为，同时还可以通过影响工作投入间接影响创新行为。通过对550份主管—员工的配对问卷调查，张伶等人探讨了家庭亲善政策、员工工作压力和组织认同与创新行为之间的关系。结果表明，家庭亲善政策能够通过降低员工工作压力和提高员工组织认同感提高员工的创新行为。基于Bakker和Demerouti的工作要求—资源模型，Spiegelaere分别分析了工作资源（自主性、学习机会、组织工作和日常工作）、工作挑战（时间压力和情感压力）和工作障碍（工作内容和工作安全性）对蓝领和白领两类员工创新行为的影响。结果表明，对于不同性质的员工，工作特性的影响作用也存在差异。

3. 个体要素和环境要素交互作用研究

随着研究的逐步深入和发展，越来越多的研究者认为，员工创新行为是个体因素和环境因素互动下的产物，研究时应该综合考虑两者之间的交互作用。Leif和Sven以研发团队成员为研究对象研究了个人特性、领导成员关系和组织支持对创新行为的作用机制。他们认为，员工主动性中介了领导成员关系和创新行为之间的关系，而组织支持正向调节两者之间的关系。在基于目标取向的相关研究的基础上，张文勤等人进一步考察创新氛围对员工的学习目标取向、证明目标取向和回避目标取向与创新行为之间关系的影响，结果发现，团队创新氛围显著调节证明目标取向和回避目标取向对创新行为的影响，但是对学习目标取向与创新行为之间关系的调节作用并不显著。基于工作单位结构和团队心理安全感视角，杨付和张丽华运用分层线性模型构建个体层面和团队层面的跨层次研究模型，探索了团队心理安全感和工作单位结构对学习型认知风格、创造型认知风格和计划型认知风格与创新行为之间关系的调节作用。

为了更加直观，本书将个体创新行为的影响因素和脉络进一步归纳总结图 2.2 所示：

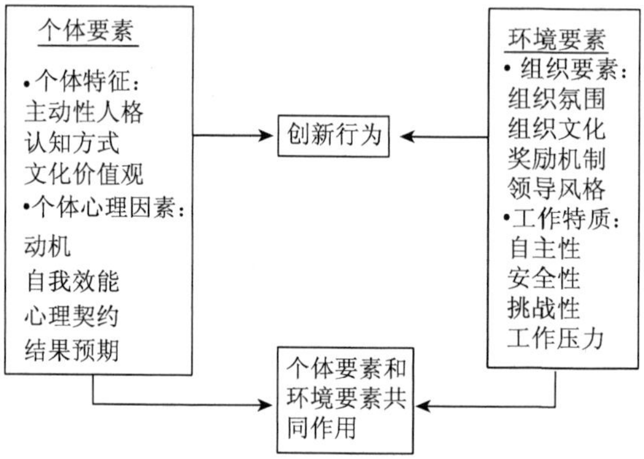

图 2.2　创新行为的影响因素和脉络总结

通过对创新行为影响因素的相关文献的梳理，我们不难发现，创新行为不是单一的、某一层次的因素作用的结果，它是个人、领导、组织等多个因素交互作用的产物，其产生受到多个因素的影响，多视角多因素的交互研究更有助于我们对创新行为形成理解，这也将是研究创新行为的一种趋势。

2.2.3　文化及文化差异与创新行为的相关研究述评

随着我国 IT 服务产业不断演进和调整，以及客户企业需求的改变都要求我国 IT 服务企业的创新能力不断提高，每个员工都需要作为出色的创新源而存在。另外，我国 IT 服务企业的客户群体和企业员工来自不同的文化种群，这使企业员工持有的个人文化价值观呈现差异性、多样性。因此，在我国 IT 服务企业的情境下，对于文化及文化差异对创新行为的影响机制的研究有重要的实践意义。因此，本节着重对文化及文化差异的当前研究现状进行了梳理和总结，特别是对权力距离和个人/集体主义这两个维度对创新行为的研究进行了详尽的论述，并指出当前研究的局限以及两者研究的结合点。

1. 霍夫斯泰德文化维度理论

20 世纪 60—70 年代，荷兰学者霍夫斯泰德对 IBM 公司分布在 40 个国家和地区的 10 余万名员工进行了关于文化价值观的调查，提出了关于文化的四个维度理论（权力距离，个人主/集体主义，事业成功与生活质量和不确定性规避）；20 世纪 80 年代后期，霍夫斯泰德又扩展进行了 10 年前的研究，这次包括了 60 多个国家和地区，研究结果不仅又证明 10 年前的研究结果，并发现了长期导向与短期导向文化维度，最终总结出衡量文化的五个维度理论，该理论也成为研究文化差异的主要理论，其成果发表在他 1991 年出版的《文化与组织》中。具体而言，这五个维度分别为：第一，权力距离（Power Distance），是指“某一社会中的人对于权力在社会或组织中不平等分配的接受程度”。权力距离较高的员工对权力分配的程度不敏感，遵循领导的意见，倾向于与上级形成正式的上下级关系。第二，个人/集体主义（Individualism / Collectivism），是指“人们关心群体成员和群体目标（集体主义）或者自己和个人目标（个体主义）的程度”。具有个人主义倾向的人强调独立和自我，喜欢成为唯一；相反，具有集体主义的人看重团队或集体的利益，认为个人和集体相互依赖，并对集体忠诚。第三，事业成功/生活质量（Masculinity / Femininity），是指“人们强调自信、竞争、物质主义（事业成功导向）还是强调人际关系和他人利益（生活质量导向）的程度”。事业成功导向中的人群强调自我发展，看重物质主义，而生活质量导向的人则强调人际关系，重视他人利益。第四，不确定性规避（Uncertainty Avoidance），是指“人们对模糊性和不确定性的容忍程度”。低不确定性规避的人敢于冒险，对未来充满信心，而高不确定性规避的人则相反。第五，长期导向/短期导向（Long-term / Short-term）。长期导向指“基于未来回报的美德培养，尤其是坚韧和节俭”；短期导向指“与过去和现在相关的美德培养，尤其是尊重传统、爱“面子”和履行社会义务。这是围绕儒家思想展开的文化维度，在某种意义上探讨的是孔子思想的文化价值观。

霍夫斯泰德文化维度理论使抽象的无法量化的文化变得可以被测量，帮助人们了解不同的文化价值观和行为规范，开创了量化分析文化及文化差异的方法，为跨文化管理实践提供了工具，并得到普遍的运用。霍夫斯泰德的文化维度理论最初是被作为国家层面的文化概念提出的，后来被延伸到组织层面和个体层面。对于个体层面而言，文化价值观是个人行为层次上的价值观，是个体认识世界以及生活的方式，是个体行为的原则。例如：具有高权力距离的员工对权力分配不均的接受程度高，在行为上他们会顺从权威，维护等级制度，并且习惯于上级发号施令、自己服从并执行上级的命令；相反，具有低权力距离的人则崇尚平等、不屈从于权威，积极参与决策。

2. 权力距离与个人/集体主义与创新及创新行为的研究述评

研究表明，个人的权力距离和个人/集体主义对员工的组织承诺、沟通方式、决策方式等都有较大的影响，而这些方面都与员工的创新行为密切相关。与此同时，在权力距离和个人/集体主义这两个维度上，中西方文化的差异较大。因此，本书将霍夫斯泰德文化维度理论的五个维度进行聚焦，选择了对员工个人行为影响较大、与实际较为密切、同时能体现中西方文化差异的“权力距离”和

“个人/集体主义”两个维度作为研究视角。

因此，该部分主要对权力距离与个人/集体主义两个文化维度与创新及创新行为之间关系的国内外研究文献进行全面的检索和整理，从国家、组织或团队和个体三个层面梳理两个文化维度对创新的影响研究。

在国家层面，权力距离和个人/集体主义一般被作为一种文化情境因素应用于研究中，探讨某种作用机制在不同权力距离国家下的差异。基于霍夫斯泰的国家文化指数，Halkos 和 Tzeremes 利用数据分析方法对位于欧洲的 25 个国家的欧洲创新记分牌（European Innovation Scoreboard）2007 年的创新数据进行分析，发现国家文化对创新绩效有显著影响，特别是权力距离指数对创新绩效有显著的负向影响；Shane 通过对 33 个不同国家的文化与创新的关系进行研究，得出崇尚个人主义文化的社会具有较高的创新性；在 Shane 研究的基础上，Efrat 针对 35 个国家和地区在 1998 年、2003 年、2007 年的数据，探索了国家文化指数对创新（专利、科技论文著作、高新技术产品出口额）的直接影响，以及通过创新投资对创新的间接影响。结果表明：国家文化指数对创新的影响依然存在，同时国家也可通过创新投资来综合权力距离的消极作用。随着亚洲经济的崛起，这些高集体主义国家的经济发展表明，集体主义对创新的作用并不一定是消极的。因此，研究学者也将研究对象扩大到亚洲国家，进一步探索异于西方国家的文化对创新的影响。Taylor 等人在验证了个人主义文化和创新的正向相关关系的同时，发现某些类型的集体主义文化（爱国主义和民族主义）对创新也有促进作用。杜旌等人同样提出了“集体主义的确阻碍创新吗”的疑问，他们分别探索了集体主义的两个维度——水平和垂直集体主义对个体创新的影响，最终发现在临时性团队中，水平集体主义的确阻碍个体创新，垂直集体主义则促进个体创新。

随着在国家层面文化的相关研究的逐步深入，学者们对文化在组织或团队层面的影响作用的相关研究也逐渐丰富起来。创新是一个连续的、动态的过程，必然受到企业环境的影响。近年来的研究表明，企业文化作为企业共同价值基础，影响着企业的管理方式、组织学习，组织承诺、领导与下属关系、知识共享和知识转移等，进而影响着企业员工的创新行为和企业的创新绩效。Kaasa 等人针对欧洲企业文化进行研究，结果表明，个人主义文化有利于创新的产生。通过对 471 个西班牙企业的研究，NaranjoValencia 等人分析了企业文化对企业自主创新战略或模仿创新战略的影响机制，发现具有低权力距离的企业更容易选择自主创新战略，而高权力距离的企业则选择模仿创新战略。针对突变式创新和渐进式创新，杨建君等人采用中国制造业及高新技术企业数据，基于集体主义企业文化和个人主义企业文化视角，探讨两种企业文化对技术创新方式选择的影响。研究结果表明，集体主义企业文化促进突变式创新，个人主义企业文化促进渐进式创新。基于霍夫斯泰德的文化维度理论，Rodriguez 等人探讨了文化对团队员工创新行为的影响，发现权力距离与探索性创新行为负相关，而集体主义文化能显著地促进探索性创新行为和利用性创新行为，事业成功文化则会激发更多的探索性创新行为。

文化的差异性并不仅仅存在于国别之间，来自同一个国家的不同人之间同样存在文化差异。个人持有的文化价值观会受到个人所处的组织环境、民族、宗教等不同的社交群体的影响。每个人对本国的主体价值观和行为规范的接受程度不同，即每个个体的文化认同（个体对群体的文化接受程度）不同。例如：相对于其他国家而言，美国人普遍具有低权力距离和高个人主义的文化特质，但是不同的美国人对权力的理解和重视程度不同，个人主义倾向的程度也不尽相同。霍夫斯泰德在提出基于国家层面的文化维度后，也谨慎地指出了用国家层面的文化指数来解释、预测个人行为的不合理性。Triandis 率先将个人/集体主义降到个体层面来描述个体的文化价值观。现有的与创新相关的研究主要集中在国家和企业/团队层面，从个体层面研究个人文化价值观对创新行为影响的研究相对较少。Eisenberg 的研究表明，在不同的情境中，个人/集体主义对奖励与创新绩效之间关系的调节作用存在显著差异。Bouncken 等人考察了在多元文化的团队中，个人文化价值观能否影响及如何影响创新。结果表明，个人在权力距离维度上的差异性造成的冲突对创新有显著的影响。吴沙沙和顾建平以主管—下属关系作为调节变量，研究了主管权力距离对员工创新构想的产生和执行的影响，研究发现，主管的权力距离员工创新构想的产生负相关，却与员工创新构想的执行正相关。

通过对权力距离和个人/集体主义研究文献的梳理和分析，可以发现当前的相关研究主要集在国家层面和组织层面，然而，员工的创新行为是基于个体层面的概念。从国家层面或组织层面研究文化对创新行为的影响无法解释在同一个国家或企业中员工创新行为差异性，因此，从个人层次探索个人文化价值观对创新行为的影响更为合理。

2.3 个体学习的相关研究述评

2.3.1 个体学习的界定

现有研究中对个体学习相关内涵的界定，依据研究视角和理论基础的不同而不同。针对创业活动中的问题，Politis 将个体学习界定为创业者获取、开发知识以创建及管理企业的过程。在心理学领域，研究学者针对学习的规律和特点，基于过程的角度提出了不同的个体学习过程模型并对个体学习加以阐述，例如：Kurt Lewin 的经验学习模型，Kolb 的个体学习过程模型等。在组织学习理论中，组织学习包含个体学习、团队学习和组织学习三个层面。个体学习是组织学习的基础，并且个体学习、团队学习和组织学习相互影响。在 IT 服务企业中，员工的个体学习是在组织的背景下，在组织内部进行的，需要员工与员工、团队和组织的互动来实现知识的沟通和共享。鉴于此，本书的研究将聚焦组织学习理论框架下的个体学习。

1. 组织学习理论回顾

复杂的国际经济形势使企业的竞争日益加剧，企业必须提高自身学习能力，使企业能够在竞争中生存和发展。因此，一直以来，组织学习都是理论学术界和实践领域的重要议题。

“组织学习”最初是由甘吉洛西和迪尔在《组织学习：行为视角理论》中正式提出的，并将其定义为“发现错误，并通过重新建构组织的‘应用理论’（Theories-in-use）而加以改正的过程”。此后，研究者们从心理学、管理学和组织行为学等多学科、多个角度对组织学习的不同方面进行研究。基于过程的视角，Argyris 和 Schon 认为，组织学习是一个发现错误和改正错误的过程；Huber 认为，组织学习包括知识获取、信息散布、信息解释与组织记忆四个阶段。基于结果的观点，Levitt 认为，组织学习是为了实现组织目标而采取的行动。基于环境适应的观点，Edmondson 和 Moingeon，陈国权和马萌都认为组织学习是组织成员通过学习来改变和提升自己以适应不断变化的环境。

组织学习具有一个多层面的结构，可分为个体学习、团队学习和组织学习三个层面。组织自身并不会学习，针对组织学习是如何运行的，研究学者们也提出各种组织学习的过程模型对其加以阐述。Argyris 和 Schon 提出的四阶段模型，认为组织学习开始于“发现”，即发现组织中预期的结果与现实状况之间存在的差异；而后进入“发明”阶段，即企业分析原因并找到解决问题的方法；再进入“执行”阶段，即执行问题的解决方案；最后是“推广”阶段，即推广成功经验，并将其作为组织的规范和惯例。Argyris 和 Schon 的这个四阶段模型是简单的、线性的。在此基础上，Dixon 提出了组织学习的四阶段循环过程模型，他认为，组织学习包含具有循环性的四阶段，分别为创造、整合、诠释与行动。第一阶段是“创造”，即在组织个体层面对内部和外部信息和知识进行收集并进行知识创造；第二阶段是“整合”，即将创造后的知识整合到组织中；第三阶段是“诠释”，即对以上知识做出群体性的诠释；第四阶段是“行动”，即在有关问题存在共同理解的基础上，鼓励成员采取行动。Crossan 等人提出 4I 模型，如图 2.3 所示。他将学习方式划分为直觉、解释、整合和制度化四种，并指出直觉和解释与个体层面的学习对应，整合与团队层面相对应，制度化与组织层面对应。组织学习包含从个体层面到团队、组织层面的反馈，以及从组织层面到团队、个体层面的反馈的动态过程。

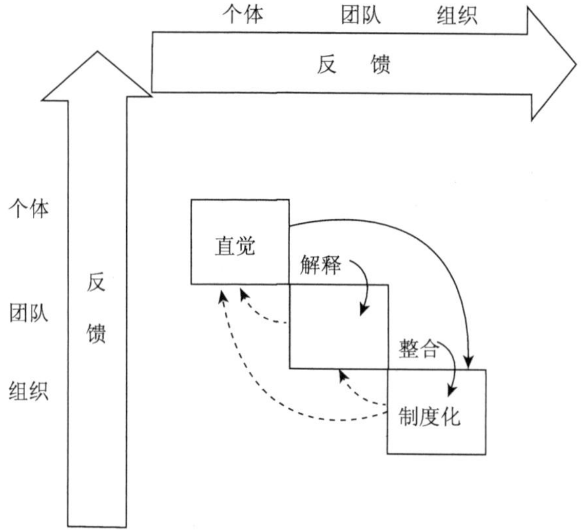

图 2.3 Crossan 4I 模型

通过研究学者们对组织学习的诠释，可见组织学习不仅是为了提高工作效率及创新技术改进、提升的过程，也能够产生组织适应外部环境的结果。研究学者们的角度不同，但各个定义之间存在着共性，即组织学习是组织提高组织绩效的重要途径；个体学习是组织学习基础，组织应积极促进组织中个体的学习。

2. 组织学习理论框架下的个体学习

研究表明，组织学习是组织中新知识形成、利用和扩散的主要途径，是组织创新的基础。个体学习作为组织学习的最小细胞，组织学习只有通过个体学习才能实现，虽然个体学习的提高并不能保证整个组织学习的提高，但是没有了个体学习，组织学习也就无从开始。因此，在企业情境下，企业中的员工只有不断地学习和自我完善，才能提高企业的整体学习能力，进而增强企业适应外界环境的能力。因此，在组织学习理论下对个体学习进行研究探索具有重要的实践价值，学者们在相关领域也取得了有意义的研究成果。个人作为组织中的一员，其行为不仅受到个人心智模式的影响，同时还受到组织心智模式的影响。基于此，丹尼尔·金提出 OADI-SMM 模型（观察、评估、设计、执行与共享心智模式），解释了个体学习和共享心智模式之间通过信息交换而形成的学习循环。Cyert 和 March 提出适应性模型，如图 2.4 所示。该模型认为个体学习起源于个人信念，在个人信念的引导下，个人将产生一系列的行为改变，即产生了个体学习；而后，作为组织成员，个体行为的改变整合起来将导致组织行为的改变，最后作用于组织环境，环境改变又会影响个人信念，构成一个循环行为的变化。概括起来，组织学习起始于个体学习，最后又回归到个体学习。

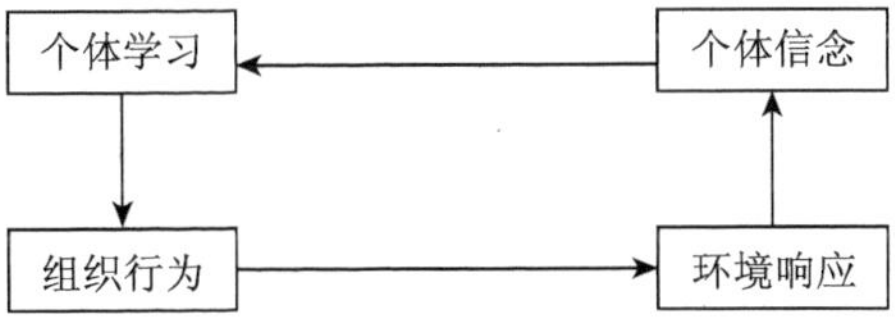

图 2.4 Cyert 和 March 的适应性模型

我国学者陈国权将个体学习的概念从组织层面推广而来，将其定义为“个人不断获取知识、改善行为、提升其他素质，以在不断变化的环境中使自己保持良好生存和健康和谐发展的过程”。同时，他在 Argyris 和 Schon 四阶段模型的基础上提出个体学习模型，该模型认为，学习行为应包含发现、发明、选择、执行、推广、反思、获取知识、输出知识和建立知识库九种行为，如图 2.5 所示。

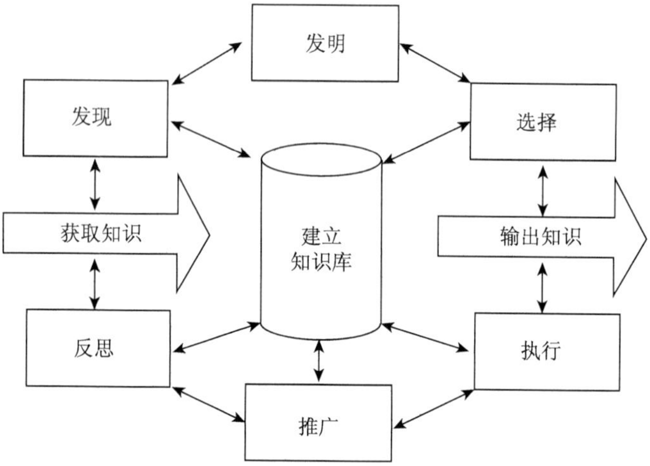

图 2.5　九阶段个体学习模型

在该模型中，第一阶段是“发现”，即个人发现外部环境变化及给自己带来机会或挑战；第二阶段是“发明”，即个人提出应对这种变化的新措施和方案；第三阶段是“选择”，即个人对这些新措施和方案进行优化选择；第四阶段是“执行”，即个人将选择出的新措施和方案付诸行动；第五阶段是“推广”，即个人将自己的知识和经验进行举一反三；第六阶段是“反思”，即个人对过去的事情进行总结归纳，进而形成规律和知识；第七阶段是“获取知识”，即个人自身需要获取知识；第八阶段是“输出知识”，即个人根据自身发展需要向外部输出知识；第九阶段是“建立知识库”，即个人对自己的知识进行积累、分类、整理和存取。

2.3.2　个体学习与创新行为的相关研究述评

创新是企业发展的关键，特别对于 IT 服务企业而言，新技术在不断更新，同时客户新需求也不断出现，因此，企业需要掌握外部知识（类如客户、供应商和竞争企业）以及技术更新和市场变动，只有这样才能发现机遇、找准机会以实现创新，从而保持企业的持续发展。综合上文对组织学习的论述不难发现，组织学习正是企业为了提高自身对环境的响应能力而展开的包括知识获取、创造和应用的学习过程，其对创新的积极作用也已被众多学者论证。从对文献资料的整理结果来看，目前国内外关于组织学习与创新的研究主要集中在组织层面。Wang 和 Ellinger 针对中国台湾地区的若干企业高级研发团队进行实证研究，发现组织学习与企业的创新绩效和个体的创新绩效都显著正相关，而且对个人创新绩效的影响更为强烈。创新的过程实质上是一种新知识的创造过程。然而，一个新想法的产生需要不同知识的交互作用，需要充分利用个人、组织内外的相关知识。基于社会网络理论，Husain 等人研究了组织网络和组织学习对创新行为的影响，发现组织学习能够促进员工的创新行为，同时组织网络对创新行为也有显著的直接作用。学者们通过研究将创新分为渐进式创新和突变式创新。Sheng 和 Chien 以高新技术产业中的创新为对象实证研究了组织学习和吸收能力对渐进式创新和突变式创新的影响。结果表明，组织学习对渐进式创新影响较大，而吸收能力则对突变式创新的促进作用较大。我国学者许晖和李文则基于探索式学习和利用式学习分别研究了这两种组织学习方式对不同类型创新的作用。结果表明，企业可以根据市场环境和企业自身需要通过不同的学习方式来实现不同类型的创新，以持续保持自身的竞争力。

个体学习的概念经常出现在心理学、教育学等领域，而创新和创新行为则属于管理学领域，通过文献回顾我们可以发现，从个体层面探索个体学习与创新或创新行为之间关系的研究比较少。Mackinnon、Wolfradt 和 Pretz 等人在研究个人创新的个人特质影响因素时指出，个体学习对个体创新行为产生影响。以内部动机和外部动机为中介变量，张国梁和卢小君对组织学习、团队学习和个体学习对个人创新行为（创新构想的产生和创新构想的实施）的影响展开研究。结果表明，个体学习能够直接促进创新构想的产生，也可以通过内部动机间接地影响创新构想产生及实施。除了直接论证个体学习与创新之间关系研究以外，学者针对个体学习对团队学习或组织学习的影响的研究，也间接反映了个体学习的对创新及创新行为的重要性。赵晨等人重点关注了领导的个体学习对组织学习的支持和指引作用，利用计算机仿真实验从情境型双元平衡的视角探讨领导个体学习对组织学习影响的内在机制。李栓久和陈维政构建了三个层次的学习机理模型之后，提出个体学习是基础，团队学习关键是发挥群体效应，组织学习关键是发挥整合效应。潘培培等人利用结构方程模型对数据进行分析，证明了组织学习中三个层次之间可以相互转化。陈国权利用 Agent 计算机仿真模型研究当组织所处环境的变化速度不同时，组织学习、团队学习和个体学习之间的协调优化机制。

本节对个体学习内涵和相关研究进行了比较全面的回顾。我们不难发现，现有研究集中在教育学、心理学等领域，这些研究对教育领域有理论意义和实践意义；然而，企业员工处在一个组织中，要在企业的背景下学习，并参与组织学习中，因此，在组织学习理论框架下研究个体学习十分必要。

2.4 知识共享的相关研究述评

2.4.1 知识共享的界定

企业资源基础观（Resource-Based View）认为，企业的竞争优势来源于特殊的、不可模仿的异质性资源。随着知识经济时代的到来，资源基础观进一步发展为知识基础观（Knowledge-Based View），它认为，企业实质上是一个知识处理系统，企业竞争优势的来源是知识。因此，对于IT服务企业而言，有效地管理企业的知识资源是企业持续健康发展的首要任务。然而，IT服务企业的员工在不同生产过程中形成和积聚的知识具有差异性和不对称性，知识共享正是企业员工获得和转移彼此互补性知识的关键活动。

知识共享作为管理学科特别是知识管理方面的重要研究对象，学者们依据自身研究的背景、角度的不同，对知识共享的界定也有所不同。Bartol和Srivastava认为，知识共享是个体与他人共享组织的相关信息、观点、建议和专长。Connelly和Kelloway将知识共享视为一种与信息交换和帮助他人有关的行为。Hooff和Ridder则将其视为包含员工之间知识交换和创造新知识两个部分的过程。知识共享可分为个体层面、团队层面和组织层面，基于此，闫芬和陈国权认为，知识共享是指员工互相交流知识，使知识由个体扩散到组织层面的过程。

本书的研究主要将知识共享视为IT服务企业员工在创新过程中最主要的获得互补知识的方式，研究知识共享对企业项目团队创新及员工创新行为的影响。因此，基于本书的研究主题，根据Koh等人的研究并结合 IT 服务行业的实际背景，在本研究中，知识共享是指 IT 服务企业员工相互之间主动地分享自己的知识、技能，以及提供他人所需要的知识等的行为。

对于知识共享的测量，研究者也根据共享的方向、共享的过程和共享的知识类型等从不同测量重点对知识共享的测量维度进行了二维、三维和四维的划分，并开发出具有较高可信度的测量量表。Hooff 和 Ridder 按照知识获取和知识贡献两个知识共享的方向对知识共享行为进行了两个维度的划分。其中，知识获取是指知识的接收者获取他人的知识；知识输出是指知识拥有者将自身拥有的知识传递给他人。Bock 等人根据显性知识和隐性知识，对知识共享划分为显性和隐性两个维度进行度量。我国学者沈其泰、黄敏萍和郑伯埙依据知识共享的成效，将其划分为共享深入性、共享广泛性和共享时效性的三个维度。Doll 等人则从知识共享的范围边界，从团队内部的知识共享、与客户的知识共享和与供应商的知识共享对其进行测量。在此基础上，Chen 和 Barnes 将知识共享分为与战略合作伙伴的知识共享、与顾客的知识共享、企业内部知识共享和知识共享信息技术的使用四个维度。

基于本书的研究问题和目的，本书将采用知识收集和知识贡献维度划分的方法来进行下一步研究。

2.4.2 知识共享与创新行为的相关研究述评

在 IT 服务企业中，员工的创新行为源于对知识资源的重新整合与创造，这不仅要依靠员工自身占有的知识资源，还要依靠员工通过知识共享获取新的有价值的关键知识。Nonaka 和 Takeuchi 认为，知识的创造是通过隐性知识和显性知识之间的转化来实现的，并提出了著名的 SECI 模型。在 SECI 模型中，知识通过社会化、外化、联结化和内化使其得到有效的转化和创造。其中，社会化是从隐性知识到隐性知识，是共享知识、经验的过程；外化是隐性知识显性化的过程；联结化是从显性知识到显性知识，产生系统的知识；内化是从显性知识到隐性知识的过程。可以看到，知识创造来起源于共享知识的社会化过程。曹勇等人从员工认知的视角，探讨了知识治理、知识共享和员工创新行为之间的关系，发现知识共享对员工创新行为具有显著的促进作用；同时，知识治理对知识共享有显著的正向影响。Lin 研究发现，知识共享的个人因素、技术因素和组织因素通过知识共享过程影响企业的创新能力。曹科岩和窦志铭利用多层线性技术针对我国珠三角地区 35 家高新技术企业进行跨层次分析。结果表明，知识共享是组织创新氛围与员工创新行为之间的跨层次中介变量。曾萍等人以珠三角地区 122 家 IT 企业为研究对象，研究知识共享与组织创新之间的关系。结果表明，组织内的知识共享包括组织内非正式知识共享与正式的知识共享，其均可以显著地促进技术创新，而组织内非正式知识共享与组织间的知识共享，则对管理创新有积极影响。一方面，员工之间的知识共享行为使员工可以获得企业内部的知识或资源，有利于产生新的想法，进而促进创新行为。知识积累是员工创新能力的基础和源泉，影响创新的结果。另一方面，知识共享为企业成员之间相互了解对方知识提供机会，促进了知识碰撞，有益于新思想的产生。有效的知识共享可以加速知识的传播和吸收，提高企业创新水平，实现知识增值。

尽管知识共享对创新至关重要，但是对共享知识的内化、应用是创新行为的另一个挑战。Pfeffer 等人指出，企业员工并不能有效地应用已获取的知识进行创新，知识共享和创新之间存在“knowing-doing gap”。Majchrzak 等人指出对共享知识的内化和应用是和知识共享不同的知识进程。创新领域的研究在强调知识共享的重要性时忽略了知识到创新的转化过程，因此，有必要对这一过程进行探讨，进而发现和重新认识知识共享对创新行为的影响机制。

2.5 本章小结

本章对本书研究中的主要变量——项目团队、创新行为、个体学习、知识共享的相关研究进行了概述，同时，结合本书的研究内容和目标，对主要变量之间作用关系的相关研究进行了全面系统的梳理和总结。通过对相关文献的系统回顾、总结得到现有研究的不足以及与本研究的关系。

（1）通过对团队相关文献的广泛阅读和梳理发现，从知识的视角，项目团队的运作过程实质上是在团队成员已有知识的基础上，经过知识交流、知识碰撞和知识学习而利用知识和产生新知识的过程。现有研究主要集中在团队的特征、团队运行过程中的冲突、沟通、凝聚力以及一些情境因素对团队绩效和创新力的影响作用，和根据这些影响因素如何构建一个高效的团队两大方面。从知识的视角来说，这两个方面研究的目标是探索阻碍团队成员之间知识交流、共享及学习等知识活动的因素、运行机制以及解决方法。团队成员的知识共享和学习在团队运作过程中起着非常重要的作用，影响着团队中的人员构成和知识分布。因此，研究两者对团队结构的影响有很大的实际价值。基于此，本书第一个子研究将沟通成本和学习成本作为反映团队知识共享效率和学习能力的主要变量，从知识视角构建项目利润最大化的优化模型，研究沟通成本和学习成本对最优团队结构的影响。

（2）在对创新行为和知识共享相关研究的全面回顾可以中发现，知识共享对员工创新行为的具有促进作用。然而，对共享知识的应用和创新是与知识共享不同的知识进程。知识共享是如何影响创新行为的，目前的研究结论并没有给出明确的理论和方法，在为企业管理者提出有效的对策和建议方面显得有些无力。此外，知识共享对创新行为的影响关系是一个复杂的过程，受到个体要素和环境要素的交互影响。员工所处的组织环境是影响员工创新行为的重要因素。现有的相关研究大多数只是针对某一个组织情境因素研究其影响作用，但员工所处的组织环境是一个复杂的体系。基于此，本研究展开第二个子研究，将个体学习作为中介变量，将不同性质的 IT 服务企业作为一个整体的组织情境因素，探讨不同性质 IT 服务企业中知识共享如何影响创新行为。

（3）通过对现有的有关文化和文化差异的相关研究文献的梳理和分析，不难发现，当前的相关研究主要集中在国家层面和组织层面，其主要用于国家或组织的比较研究和跨文化管理研究。尽管文化是群体层面的概念，但在每一个文化维度上，个体之间存在较大的差异。同时，员工的创新行为是基于个体层面的概念，个体层面的文化价值观对员工创新行为构成直接影响，从个人层面上分析文化对创新行为的影响更加合理。因此，本书将霍夫斯泰德的文化维度理论的五个维度进行聚焦，选择了对员工个人行为影响较大、与实际研究较为密切，同时能体现中西方文化差异的权力距离和个人/集体主义两个维度作为本书研究的视角。基于此，本书展开的第三个子研究将权力距离和个人/集体主义作为调节变量整合到子研究二的模型中，更深层次地探索知识共享和个体学习对创新行为的影响机制。

第三章　考虑沟通成本和学习成本的 IT 服务企业项目团队的团队结构研究

3.1　问题背景

金融危机后，我国中小 IT 型服务企业出现倒闭潮。然而，就在全球经济动荡的时刻，Thoughtworks 中国在连续亏损了五年后于 2009 年迎来了转机，其原因在于 Thoughtworks 把助力合作伙伴的创新而不只是节省成本作为其服务的主要宗旨。早期客户企业选择 IT 服务的最主要动机是追求成本节约，而现在则期望通过供应商的竞争力实现增值，或依托供应商实现新的想法，即创新是 IT 服务企业的承诺之一。因此，很多 IT 服务企业所承接的 IT 业务实际上是创新项目。企业针对创新项目中客户对产品/服务的需求，采用项目管理的方式组建项目团队完成该项目。项目团队作为企业的一种组织形式，已经被许多 IT 服务企业采用。

国内外学者利用组织行为学、管理学、心理学等多学科理论对团队结构和团队组建方法进行了广泛研究，为本研究提供了坚实的理论基础。然而，随着 IT 服务行业的发展，IT 服务行业也出现了新的特征：客户需求的创新难易程度参差不齐，可能是更高效的物流配送系统这样的中等创新难易程度，也可能是设计和实现一个新产品这样的高等创新难易程度。客户需求的创新难易程度不同，会影响IT服务企业的项目团队的人员分布和知识分布。例如：对于一个特定的创新项目，团队中负责软件开发的员工中，程序员、初级软件工程师和高级软件工程师的人员比例构成，特别是高级软件工程师的人员分配，将受项目的创新难易程度影响。同时，高技能员工的稀缺，高、低技能员工工资差距的增大，也关系着企业人力资源的有效利用和项目的总体劳动力成本。也就是说，IT服务企业的管理者需要根据项目的创新难易程度及市场价值确定项目的团队结构，以使该项目能够顺利完成，并且成本最小。以往的文献主要研究了团队要素对团队绩效和团队创新力的影响机制，为本研究提供了研究基础，然而，这却并不适用于IT服务企业中项目的创新难易程度多变的特性。

基于知识的创新实质上是以经济为目的的知识创造过程，是通过知识获取、知识利用与知识创造来解决创新过程中一系列问题并最终实现目标产品/服务的过程，IT服务企业的项目团队可以看作是一个知识库，它为创新提供了基本元素和经验，是团队成员寻求新路径、新方法从而实现创新的基础和源泉。团队成员可以通过知识共享和个体学习获得、利用所需的知识，实现协作并最终完成项目。因此，对于不同的知识共享效率和学习能力水平，管理者应该如何安排团队中的知识分布和人员分布情况使团队更为高效便成为亟待解决的问题。

鉴于此，本子研究利用沟通成本和学习成本量化知识共享效率和学习能力，并考虑创新难度系数，通过对创新过程进行解析，将解决问题的过程视为项目实现的微观基础，以项目的期望利润最大化为目标，构建基于知识层级结构的优化模型，以得出不同创新难度的 IT 服务项目的最优团队结构。与此同时，通过对最优团队结构的分析，得出了创新难度系数、沟通成本和学习成本对团队结构的影响作用。

3.2 问题描述和假设

研究表明，基于知识的创新实质上是通过知识获取、知识利用与创造知识来解决创新过程中一系列问题并最终实现目标技术/服务的过程。因此，为准确反映知识和创新之间的关系，根据 Nickerson 和 Zenger 的研究，本子研究把 IT 服务企业项目中需要解决的问题作为关注对象，将项目视为问题的集合，进而将项目实现过程视为团队员工利用知识解决项目中问题的过程。

在本研究中，IT 服务企业承接项目的创新难易程度用创新难度系数 k 表达。对于创新难度系数为 k 的项目，我们假设其需要解决的问题集合为 Ω 。假设变量 Z 为该问题集合中的问题，$Z \in \Omega$ 。$F(Z)$ 和 $f(Z)$ 分别为变量 Z 的分布函数和密度函数。k 值越大，项目创新难度越大，项目中所需要解决的问题的平均难度亦越大，相应地，其单位市场价值 $\theta(k)$ 也越大。在项目需要解决的问题中有较为普遍的问题，也会有独特的问题。问题具有的普遍性程度决定了不同水平的知识需求。对于普遍的问题，其解决方案往往存在，需要的是已被普及的、低水平的知识；而较为独特的、难以解决的问题则往往需要高端的、前沿的知识。由于在现实中独特问题发生的概率往往不会高于普遍问题，因此，我们假设在项目需要解决的问题集合中独特问题发生的概率不高于普遍问题。本研究中，我们将项目中需要解决的问题按普遍性由低到高进行排列，那么 $f(Z)$ 为非增函数，即 $f'(Z) \leq 0$。

一般而言，在 IT 服务企业中，对于某领域的知识，有的员工掌握着前沿的、高端的、广阔的知识，具有较高的专业技能，而有的员工则拥有相对落后的、已被普及和格式化的、狭隘的知识，专业水平较低。因此，对某领域的知识，不同知识主体所拥有知识的深度是不同的。Nelson 和 Winter 认为，企业是一个知识的综合体，存在于企业内部的任何劳动分工在本质上都是基于知识的分工，正是这些无形的知识决定了企业的层级结构。在多数 IT 服务企业中，管理者也依据员工的专业技能划分不同的技术级别。鉴于此，本书借助知识位势的相关理论，利用知识深度来刻画员工之间掌握知识的此种差异。在本书中，知识深度是指知识主体在某领域中对复杂知识的掌握和熟练处理的程度。不同团队成员作为知识主体在团队知识库中所拥有的知识深度存在不同，知识位势由此产生。因此，我们将项目团队看作是基于知识深度的层级结构，即在本书中的层级是基于知识的层级，而非基于职位/权力的组织结构中的层级。

记基于知识层级结构的项目团队的总层级数为 $L+1$（$L>0$），β_i 为第 i 层成员占团队总人数的比例，$i=0$，1，2，……，L，那么，第 i 层的员工的管理幅度为 $s_i=\beta_{i-1}/\beta_i$。当员工具有的知识包含解决项目中某个问题所需的知识时，该员工能够解决该问题。在本书中，员工的知识集合中的知识特指能够解决项目中问题的知识。因此，本研究将依据项目中问题的分布来描述每层中员工的知识集合，如图 3.1 所示，记 $A_i=[Z_{i-1}, Z_i]$ 为 i 层中员工的知识集合，变量 $z_i=Z_i-Z_{i-1}$ 为该知识集合的容量，其中，$A_0=[0, Z_0]$，$z_0=Z_0-0$。0 层员工的知识集合处在团队知识库的底层，是由各部门的初级员工组成；1层员工则是由相较于0层员工具有较高知识深度的员工组成，能解决较为复杂的问题。在该层级结构中，团队成员在遇到超出其知识集合所能解决的问题时将会向高一层级的员工询问。

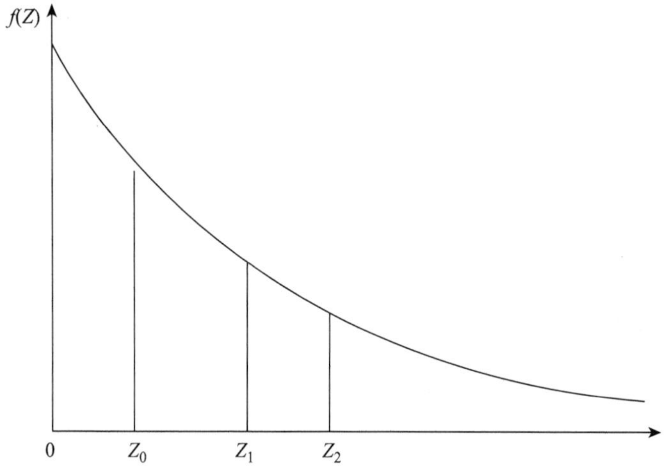

图 3.1　项目团队中知识层级结构

因此，在本研究中 s_i 决定项目团队的人员分布，z_i 决定团队的知识分布，即变量 s_i 和 z_i 决定了团队所应具备的结构属性。IT 服务企业在承接一个项目时，管理者首先需要根据项目的创新难度系数 k 和单位市场价值 $\theta(k)$ 确定最优的团队结构（人员分布 s_i 和知识分布 z_i），并依此来选择合适的团队成员组建项目团队，使得项目得以顺利完成并且成本耗费最少。

为进一步分析 IT 服务企业的项目团队的创新实现过程，本子研究提出如下假设：

假设 1：在 IT 服务企业的项目团队中，各层级之间的知识集合不重叠。

在 IT 服务企业的项目团队中，虽然不同知识层级员工的知识集合存在交集，即不同层级员工所拥有的知识有部分重叠，但是低层级的员工只有遇到超出其知识集合所能解决的问题时才会向高层级的员工询问。此时，高层级员工所拥有的重叠部分的知识并没有被利用。因此，我们假设项目团队中，各层级之间的知识集合不重叠。

假设2：在IT服务企业的项目实现过程中，团队的 i 层成员遇到不能解决的问题时，将向 $i+1$ 层员工询问、学习相关知识而不进行跨级学习，$i=0$，1，2，……，$L-1$。

团队员工在面对不能解决的问题时，若与知识深度差距过大的成员进行知识交流，沟通成本和学习成本都较大，更倾向于向原有的知识集合附近来找寻相关的信息。因此，为不失一般性，我们假设在项目实现过程中，团队各层级员工之间不进行跨级学习。

假设3：在IT服务企业的项目团队中，0层员工负责项目的产品/服务的具体实现工作，第 i 层员工（$i \geqslant 1$）负责解决第 $i-1$ 层员工不能解决的问题。

每个团队成员的可用时间是有限的。因此，员工可以利用有限的时间完成产品/服务的具体实现工作，也可以用来帮助低层级员工解决他们不能解决的问题。为了提高高水平知识的利用率，同时根据Garicano的研究结论，我们假设在项目团队中，第 i 层员工（$i \geqslant 1$）只负责解决第 $i-1$ 层员工不能解决的问题。

3.3 模型建立

本节首先以具有两层知识结构的团队为例，分析并展示团队结构最优化模型的构建过程，而后，在此基础上构建多层知识结构的优化模型。

3.3.1 两层的团队结构模型

假定由具有两层知识结构的团队完成创新难度系数为 k 、单位市场价值为 $\theta(k)$ 的项目。在该团队中，0 层员工的知识集合和容量分别为 $A_0=[0, Z_0]$ ，$z_0=Z_0$，成员数量比例为 β_0；1 层员工的知识集合和容量分别为 $A_1=[Z_0, Z_1]$ ，$z_1=Z_1-Z_0$，该层人数占总人数的比例为 β_1，那么 $\beta_0+\beta_1=1$。解决项目中的问题是 IT 服务企业项目实现过程中的基本活动。当且仅当员工的知识集合包含解决某问题的知识时，该问题才能被解决。若员工的知识集合为 A ，那么他能够成功解决某问题的概率为 $F(A)$ 。

当员工将不能解决的问题向高一层员工询问时，不管问题是否会被解决，都需要花费时间沟通问题以及找到解决方法，即这一过程中存在沟通成本。沿用相关文献对沟通成本的假设，无论问题是否被解决，都存在沟通成本——时间，且将其都计入被询问者的可用时间中。在本模型中，我们将每个员工的可用的有限时间标准化为 1，记每个员工被低层级员工询问时的沟通成本为 $h\in(0, 1)$ 。对于知识集合为 A_0 的 0 层员工，他们向 1 层员工寻求帮助的概率为 $1-\int_{A_0}f(z)\,dz$ 。对于 1 层员工而言，用来解决 0 层员工不能解决的问题的时间是有限的，因此，存在约束条件 $\left[1-\int_{A_0}f(z)\,dz\right]\beta_0 h\leqslant\beta_1$。

在解决项目中的某个问题时，若该问题在团队成员的知识集合中时，团队成员需要付出一定的时间和精力来识别问题，在知识集合中搜索以获取能够解决该问题的知识；若该问题不在成员的知识集合中时，该成员需要向高一层级员工询问，同样需要将高层级员工分享的知识进行内化、吸收。也就是说，团队成员不管通过哪种方式获得解决问题所需的知识都存在学习成本。我们假设获取知识集合 A 的学习成本与知识集合的容量相关，可采用勒贝格测度（Lebesgue Measure）来度量获取知识所需要的总成本。假定 c 为单位知识的学习成本，那么若 $A=[0, Z_n]$，则学习成本为 cZ_n。另外，作为知识密集型企业，IT服务企业完成某一项目的另一个主要成本是人力资源成本。由于企业向员工支付工资的主要依据是他们所持有的知识，因此，我们假设员工工资与其知识集合的容量相关，并假定 w 为单位知识的市场价值，同样采用勒贝格测度度量。

综上所述，IT服务企业组建两层团队完成创新难度系数为 k 的项目的期望利润为：

$$\Pi = \theta(k)\beta_0\int_{A_0\cup A_1} f(z)\,dz - (c+w)(z_o\beta_0 + z_1\beta_1)。$$

所以，针对创新难度系数为 k 的项目，IT服务企业的项目团队的最优团队结构可以通过求解下面最优化问题来确定：

$$\max_{\beta_0,\ \beta_1,\ z_0,\ z_1} \Pi = \theta(k)\beta_0\int_{A_0\cup A_1} f(z)\,dz - (c+w)(z_o\beta_0 + z_1\beta_1)$$

$$s.t.\ \left[1-\int_{A_0} f(z)\,dz\right]\beta_0 h \leqslant \beta_1,$$

$$\beta_0 + \beta_1 = 1$$

。

上式中的目标函数中，$\beta_0\int_{A_0\cup A_1} f(z)\,dz$ 表示该IT服务项目由两层知识结构的团队完成的概率。不难发现，目标函数有两部分组成，$\theta(k)\beta_0\int_{A_0\cup A_1} f(z)\,dz$ 为完成该项目的期望收益，$(c+w)(z_o\beta_0+z_1\beta_1)$ 为由学习成本和劳动力成本构成的总成本。对约束条件

$\left[1-\int_{A_0} f(z)\,dz\right]\beta_0 h \leqslant \beta_1$ 而言，当该式为取等号，即 1 层员工的时间用完的情况下目标函数最大。从而，可以得到：

$$\beta_0=\frac{1}{\left(1-\int_{A_0} f(z)\,dz\right)h+1},\ \beta_1=\frac{\left(1-\int_{A_0} f(z)\,dz\right)h}{\left(1-\int_{A_0} f(z)\,dz\right)h+1},$$

将其代入目标函数中，项目的期望利润化为：

$$\Pi=\theta(k)\frac{\int_{A_0\cup A_1} f(z)\,dz}{\left(1-\int_{A_0} f(z)\,dz\right)h+1}-(c+w)\left[\frac{z_0-z_1}{\left(1-\int_{A_0} f(z)\,dz\right)h+1}+z_1\right]。$$

在两层知识结构的项目团队中，当 c 和 w 为定值时，创新难度系数为 k 的项目的最优团队结构的人员分布（β_0 和 β_1）与 0 层员工的知识集合相关。

3.3.2 *L*+1 层的团队结构模型

对于创新难度系数为 k 的项目，假定最优的团队结构共有 $L+1$ 层，$A_i=[Z_{i-1},\ Z_i]$ 为 i 层中一个员工的知识集合，$z_i=Z_i-Z_{i-1}$ 为 i 层知识集合的容量，其中，$i=0,\ 1,\ 2,\ L-1,\ L$，$A_0=[0,\ Z_0]$，$z_0=Z_0-0$。变量 β_i 为第 i 层成员占团队总人数的比例，那么 $\sum_{i=0}^{L}\beta_i=1$。

$L+1$ 层项目团队的项目实现过程与两层项目团队相似。项目中的问题超出 0 层员工的知识集合时，需要向 1 层员工询问的概率为 $\beta_0(1-F(z_0))$。此时，受可利用时间的限制，即每个员工的可用时间为 1，存在约束条件 $\beta_0(1-F(z_0))h=\beta_1$；以此类推，当项目中的问题超出 1 层员工的知识集合时，需要向 2 层员工询问的概率为 $\beta_0(1-F(z_0+z_1))$，存在约束条件为 $\beta_0(1-F(z_0+z_1))h=\beta_2$；……；IT 服务项目中的问题超出 $L-1$ 层员工的知识集合，需要向 L 层员工询问的概率为 $\beta_0(1-F(\sum_{i=0}^{L-1} z_i))$，约束条件为 $\beta_0(1-F(\sum_{j=0}^{L-1} z_j))h=\beta_L$；最终，IT 服务项目中的问题经由 0 层到 L 层，最终被解决的概率为 $F(\sum_{i=0}^{L} z_i)\beta_0$。

据此，针对创新难度系数为 k 的创新项目，项目团队的团队结构的最优化问题为：

$$\max_{z_0, z_p, \beta_i, L} \Pi = \theta(k)F(\sum_{i=0}^{L} z_i)\beta_0 - (c+w)\sum_{i=0}^{L} z_i\beta_i \quad (3.1)$$

$$s.t.\ h\beta_0(1-F(\sum_{j=0}^{i-1} z_j)) = \beta_i ?\ foralli > 0; \quad (3.2)$$

$$\sum_{i=0}^{L} \beta_i = 1; \quad (3.3)$$

$$i = 0,\ 1,\ 2,\ \cdots\cdots,\ L.$$

在目标函数中，$\theta(k)F(\sum_{i=0}^{L} z_i)\beta_0$ 作为该 IT 服务项目的期望收益，$(c+w)\sum_{i=0}^{L} z_i\beta_i$ 为该项目的学习成本和人力资源成本。

由约束条件式（3.2）可得 $\beta_{i-1} = h\beta_0(1-F(\sum_{j=0}^{i-2} z_j))$。由于 $F(\sum_{j=0}^{i-2} z_j) < F(\sum_{j=0}^{i-1} z_j)$，因此，$\beta_{i-1} > \beta_i$，即第 i 层员工占团队总人数的比例小于第 $i-1$ 层员工的人数比例。也就是说，IT 服务企业的项目团队在知识层级结构上呈现金字塔形，本结论与实际相符。上层员工的知识的深度较高，较为稀缺且能解决难度大的问题。金字塔式的知识层级结构使高层级员工的知识可以被多次利用，提高知识利用率。

3.4 模型求解

为进一步探索 IT 服务企业的项目创新难度系数、沟通成本及学习成本对团队每层级的知识集合 z_i 、员工人数比例 β_i 和人员管理幅度 s_i 的影响，我们需要知道 IT 服务项目中需要解决的问题的分布函数。基于以下两点原因，本研究假定该分布为指数分布：首先，指数分布的概率密度函数 $\frac{1}{k}e^{-\frac{1}{k}x}$ 满足本模型中关于 $f(x)$ 的不增函数的要求；其次，作为该分布的唯一参数 k ，也能够准确地反映不同创新难度系数的项目需要解决问题的整体分布情况，以及平均难易程度。具体而言，k 值越大，表示该项目的整体难度大，遇到难以解决的问题的概率较大；相反，k 值越小，表示该项目的整体难度小，遇到难以解决的问题的概率较小。因此，我们假定 IT 服务项目需要解决的问题服从指数分布，即 $F(x) = 1 - e^{-\frac{1}{k}x}$ ，其中，$x \geqslant 0$，$k \geqslant 0$。

在模型中，对于最高层级数和团队知识库分别为 L' 和 Z' 的团队，增加单位知识的知识层级，即增加一个知识集合为 $[Z', Z'+1)$ 的员工。此时，该员工能够帮助 0 层员工解决问题的比例为 $\frac{1}{[1-F(Z')]h}$ ，那么增加一个知识层级的边际收益 M_R 和边际成本 M_c 为：

$$M_R = \theta(k) \cdot \frac{F(Z'+1) - F(Z')}{[1-F(Z')]h} = \frac{\theta(k)[1-e^{-\frac{1}{k}}]}{h} \quad (3.4)$$

$$M_c = c + w \quad (3.5)$$

不难发现，由于指数分布的无记忆性，增加一个层级的边际收益和边际成本与原有知识库和层级数无关，即当增加一层是最优时，再增加一层也是最优的。也就是说，在最优团队结构中，团队的总层级数 $L+1$ 是无限的。因此，为简化求解，我们将 L 为整数的约束条件去掉，并视为无限的。

由式（3.4）和式（3.5）可知，员工知识的边际收益和边际成本与员工所在的层级无关。因此，当团队结构最优时，1层以上的知识集合的容量相同，即 $z_1=z_2=\cdots\cdots=z_L=z_p$ 。

我们将目标函数式（3.1）两边同时除以 $\theta(k)$ ，最优化问题转化为：

$$\max_{z_0,\ z_p,\ \beta_i}\frac{\Pi}{\theta(k)}=F(\sum_{i=0}^{\infty}z_i)\beta_0-\frac{(c+w)}{\theta(k)}\sum_{i=0}^{\infty}z_i\beta_i \tag{3.6}$$

$$s.t.\ h\beta_0(1-F(\sum_{j=0}^{i-1}z_j))=\beta_i foralli>0; \tag{3.7}$$

$$\sum_{i=0}^{\infty}\beta_i=1; \tag{3.8}$$

$$z_1=z_2=\cdots\cdots=z_p \tag{3.9}$$

为求解以上最优化问题，将约束条件式（3.7）代入式（3.8）中，求得：

$$\beta_0=\left[1+h\sum_{i=1}^{\infty}\exp(-\frac{1}{k})\sum_{j=0}^{i-1}z_j\right]^{-1}\text{。}$$

而后，将 β_0 代入目标函数式（3.6）中得到：

$$\frac{\Pi}{\theta(k)}=\frac{F(\sum_{i=0}^{\infty}z_i)-((c+w)/\theta(k))z_0-h((c+w)/\theta(k))\sum_{i=1}^{\infty}z_i\exp(-\frac{1}{k})\sum_{j-0}^{i-1}z_j}{1+h\sum_{i=0}^{\infty}\exp(-\frac{1}{k})\sum_{j-0}^{i}z_j} \tag{3.10}$$

由上式可知，该项目的最大利润取决于 z_0 和 z_i 。对式（3.10）分

别求出 z_0 和 z_l（其中 $l \neq 0$）的一阶偏导数并令其为零，得出以下两式：

$$\frac{\partial \dfrac{\Pi}{\theta(k)}}{\partial z_0} = f(\sum_{i=0}^{\infty} z_i) - \frac{c+w}{\theta(k)} + \frac{(c+w)h}{k\theta(k)} \sum_{i=0}^{\infty} z_{i+1} \exp(-\frac{1}{k}) \sum_{j-0}^{i} z_j + \frac{\Pi^*}{\theta(k)} \frac{h}{k} \sum_{i=0}^{\infty} \exp(-\frac{1}{k}) \sum_{j-0}^{i} z_j = 0 \tag{3.11}$$

$$\frac{\partial \dfrac{\Pi}{\theta(k)}}{\partial z_l} = f(\sum_{i=0}^{\infty} z_i) - \frac{(c+w)h}{\theta(k)} \exp(-\frac{1}{k}) \sum_{i-0}^{l-1} z_i + \frac{(c+w)h}{k\theta(k)} \sum_{i=l}^{\infty} z_{l+1} \exp(-\frac{1}{k}) \sum_{j-0}^{i} z_j + \frac{\Pi^*}{\theta(k)} \frac{h}{k} \sum_{i=0}^{\infty} \exp(-\frac{1}{k}) \sum_{j-0}^{i} z_j = 0 \tag{3.12}$$

在式（3.11）和式（3.12）的基础上，根据 Garicano 的方法我们进行求解，求得创新难度系数为 k 的 IT 服务企业创新项目，最优的团队结构（知识分布：z_0 和 z_p；人员分布 s_i）如下：

$$z_0 = k\ln(\frac{\theta(k)}{k(c+w)} - \ln h) + k\ln h \tag{3.13}$$

$$z_p = k\ln(\frac{\theta(k)}{k(c+w)} - \ln h) \tag{3.14}$$

$$s_i = \frac{\beta_{i-1}}{\beta_i} = \frac{\theta(k)}{k(c+w)} - \ln h \tag{3.15}$$

由式（3.13）、式（3.14）和式（3.15），我们可以看出，对于给定创新难度系数 k 的 IT 服务项目的最优团队结构有如下三个特性：首先，在基于知识的层级结构上应呈现金字塔形。该结构不仅能提高高水平知识的利用率，同时也能激励高层级员工主动获取更有价值的知识。其次，在最优团队结构中，每层级员工的管理幅度 s_i 是定值（记为 s），仅与沟通成本和学习成本相关，与团队知识分布和人员分布无关。第三，z_p 和 z_0 密切相关。当IT服务企业的沟通成本一定时，0层员工的知识集合是团队知识库的基础，它决定了由团队中、高层级员工解决问题的量，进而影响着中、高层级员工的知识集合和管理幅度。

3.5 分析讨论

在IT服务企业中，企业的沟通效率和学习能力的提高是一个长期过程，当沟通成本和学习成本一定时，不同创新难度程度的项目，项目团队的最优团队结构中人员分布（s）和知识分布（z_i）情况也随之变化。

命题1：当IT服务企业承接的项目的创新难度系数 k 增大时，最优的团队结构变化趋势如下：团队中0层以上员工的管理幅度增大，即 s 增大；团队中所有层级的知识集合扩大，即 z_0 和 z_p 增大。

证明：将 $s=\frac{\theta(k)}{k(c+w)}-\ln h$ 分别代入 $z_0=k\ln(\frac{\theta(k)}{k(c+w)}-\ln h)+k\ln h$ 和 $z_p=k\ln(\frac{\theta(k)}{k(c+w)}-\ln h)$ 中可得：

$z_0=k\ln s+k\ln h$，

$z_p=k\ln s$，

对 s 求 k 的一阶导数可得：

$\frac{\partial s}{\partial k}=\frac{(c+w)(k\theta'(k)-\theta(k))}{k^2(c+w)^2}$。

在IT服务行业中，当IT服务企业项目创新难度系数增大时，虽然项目的单位市场价值 $\theta(k)$ 增大，但企业需要获取更高水平的知识以完成该项目，成本也随之增大。因此，只有当函数 $\theta(k)$ 为凸函数时，k 的边际价值较大时，企业才会接受创新难度系数较大的项目。

由凸函数的性质可得，$k\theta'(k) > \theta(k)$，因此，$\frac{\partial s}{\partial k} > 0$。

对 z_0 求 k 的一阶导数可得：

$$\frac{\partial z_0}{\partial k} = \ln s + k \cdot \frac{1}{s} \cdot \frac{\partial s}{\partial k} + \ln h \text{ ,}$$

由于 $\ln s + \ln h > 0$，因此，$\frac{\partial z_0}{\partial k} > 0$；

对 z_p 求 k 的一阶导数可得：

$$\frac{\partial z_p}{\partial k} = \ln s + k \cdot \frac{1}{s} \cdot \frac{\partial s}{\partial k} > 0\text{。}$$

因此，命题 1 得证。

命题 1 刻画了项目创新难度系数增大时，最优项目团队在管理幅度和知识分布上的变化趋势。创新难度系数较大的项目中，复杂独特的问题增多，整体难度增大。不同难度的问题决定了相应的知识需求，复杂独特的问题所需的知识水平较高。也就是说，解决这些问题所需的知识深度较高，团队中，中、高技能员工的需求量增大，使该项目的总体成本上升。但是，利润函数的凸函数特性又能够激励管理者选择较多的中、高技能员工来组建团队，使团队的知识库扩大以完成创新项目获得利润。项目团队中员工解决问题的概率得到提高，员工向上一层级员工询问的频率降低，最终使得管理幅度增大。同时，从命题 1 中可以看出，当项目创新难度系数增大时，最优团队项目中的 0 层员工的知识集合也要随之扩大。也就是说，当 IT 服务企业要承接创新难度系数较高的项目时，只依靠中、高级技能员工是不行的，低层员工也是非常重要的。

对于特定创新难度系数的 IT 服务项目，其最优的团队结构都随着企业学习成本和沟通成本的变化而改变。这两个因素也反映企业获取知识、整合和利用知识的能力，是企业提高竞争优势的核心能力。

命题2：IT服务企业中，学习成本降低（即 c 降低）时，最优的团队结构变化趋势如下：团队中员工的管理幅度增大，即 s 增大；团队中所有层级的知识集合扩大，即 z_0 和 z_p 增大。

证明：对 s 求 c 的一阶导数可得：

$$\frac{\partial s}{\partial c}=\frac{-k\theta(k)}{k^2(c+w)^2}<0;$$

对 z_0 求 c 的一阶导数可得：

$$\frac{\partial z_0}{\partial c}=k\cdot\frac{1}{s}\cdot\frac{\partial s}{\partial c}<0;$$

对 z_p 求 c 的一阶导数可得：

$$\frac{\partial z_p}{\partial c}=k\cdot\frac{1}{s}\cdot\frac{\partial s}{\partial c}<0。$$

因此，命题2得证。

在本模型中，学习成本主要是指员工识别问题，寻找问题解决方案，最终完成问题解决方案的所花费成本，其大小受学习效率的影响。员工的学习成本与学习能力紧密相连。员工只有通过学习才能将知识重构、整合、吸收、创造。

在IT服务企业中，学习能力的提高能够促使企业所有员工获取更多的、更高水平的知识，提高员工解决项目中问题的概率。这样，低层级的员工随着知识集合的增加，解决问题的能力也逐步提高，从而减少了向中、高层级员工寻求帮助的频率，使高层级员工的管理幅度增大，最终提高了高水平知识的利用效率，最终使企业承接创新难度更高的IT服务项目的能力大大提高，使企业可以选择利润较大的高难度创新项目。

命题 3：IT 服务企业中，沟通成本降低（即 h 降低）时，最优的团队结构变化趋势如下：团队中员工的管理幅度增大（即 s 增大）；团队中 0 层员工的知识集合缩小（即 z_0 减小）；团队中高层级的知识集合扩大（即 z_p 增大）。

证明：对 s 求 h 的一阶导数可得：

$$\frac{\partial s}{\partial h} = \frac{-1}{h} < 0;$$

对 z_0 求 h 的一阶导数可得：

$$\frac{\partial z_0}{\partial h} = k \cdot \frac{1}{s} \cdot \frac{\partial s}{\partial h} + \frac{k}{h} = \frac{k}{h}\left(1 - \frac{1}{s}\right) > 0;$$

对 z_p 求 h 的一阶导数可得：

$$\frac{\partial z_p}{\partial h} = k \cdot \frac{1}{s} \cdot \frac{\partial s}{\partial h} < 0。$$

因此，命题 3 得证。

在本模型中，沟通成本主要指知识提供方为使知识接受方有效地了解所传递的知识而花费的时间成本，其大小受知识共享效率的影响。在 IT 服务企业中，沟通成本越低，中、高层级员工帮助低层级员工解决求助的问题时所花费的时间越少，那么他们的管理幅度将增大。然而，沟通成本的降低使将问题转由中、高层级员工解决的成本降低，项目中的大量问题由高层级员工解决，这将进一步促使 0 层员工的知识集合缩小，使项目团队的知识分布向中、高层员工集中。

命题 2 和命题 3 表明，学习成本和沟通成本的降低均扩大了中、高层级员工的管理幅度。然而，其影响作用的内在机制存在差别。沟通成本的降低直接导致了管理幅度的增大。但是，学习能力的提高扩大了员工的知识集合，降低了低层级员工询问的频率，间接地增大了管理幅度。

命题1表明企业要承接创新难度程度较高的项目时，最优团队结构中0层的员工的知识集合将扩大，需要由0层员工解决的问题增多。然而，由命题2和3可知，扩大0层员工的知识集合的唯一途径是提高学习能力，降低学习成本。也就是说，IT服务企业单独依靠提高沟通效率不能提高企业承接高水平创新项目的能力。

3.6 算例分析

上文基于知识层级构建了以项目期望利润最大化为目标的最优化模型，通过模型求解得出了项目团队的最优团队结构。在此基础上，本书进一步分析项目的创新难度系数、沟通成本和学习成本对团队结构的影响，并得出了相应的命题。本节将利用算例以更直观的方式展示上文主要结论。在本节中不针对单位知识的市场价值进行分析，因此，将其设为常量。

1. 创新难度系数对最优团队结构的影响

如上文所述，当项目的单位市场价值为 $\theta(k)$ 、为凸函数时，企业才会承接创新难度系数较大的项目。因此，假定 $\theta(k)=k^2$，其他基本参数值为 $w=0.1$, $c=0.2$, $h=0.3$。

当创新难度系数 k 分别为1和2时，由式（3.13）、式（3.14）和式（3.15）可得，该项目的最优团队的知识分布和人员分布情况，最优团队结构效果图如图3.2所示。其中，在图的左侧为最优团队结构效果图，横坐标为各层级中员工所占的比例，即 β_i ，纵坐标为

项目中的问题被第 i 层解决的概率，即 $F(\sum_{j=0}^{i} z_j)$ ；图的右侧为不同情况下，最优项目团队的 z_0，z_p ，s 和 β_i 。

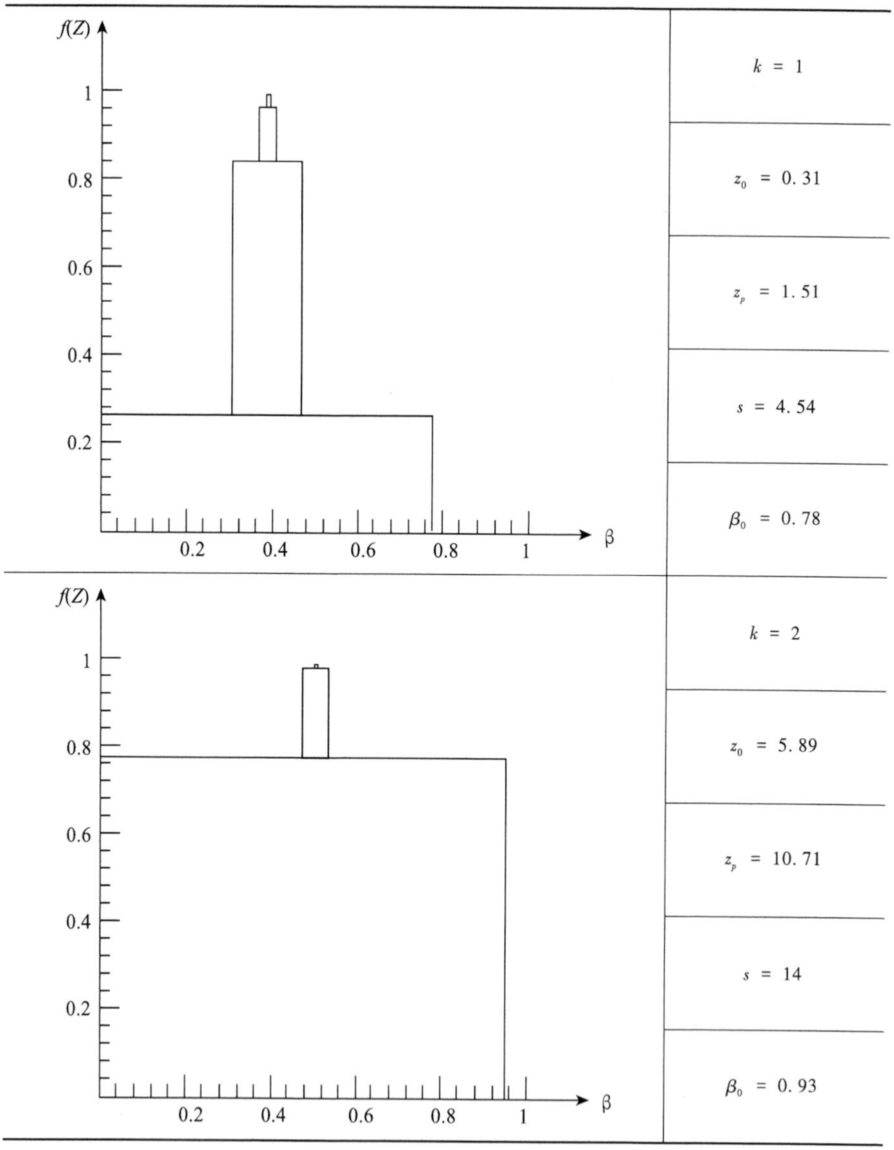

图 3.2 创新难度数对团队结构的影响算例结果

在图3.2中，当创新难度系数 $k=1$ 时，最优团队结构中0层员工的人员比例为 $\beta_0=0.78$，知识集合的容量 $z_0=0.31$，由0层员工解决的问题所占的比例为0.26（$F(0.31)$）；1层员工的人员比例为 $\beta_1=0.17$，知识集合的容量 $z_p=1.51$，由1层员工解决的问题所占的比例为0.57（$F(0.31+1.51)-F(0.31)$）；……。当创新难度系数 $k=2$ 时，最优团队结构中0层员工的人员比例为 $\beta_0=0.93$，知识集合的容量 $z_0=5.89$，由0层员工解决的问题所占的比例为0.77（$F(5.89)$）；1层员工的人知员比例为 $\beta_1=0.06$，识集合的容量 $z_p=10.71$，由1层员工解决的问题所占的比例为0.21S（$F(5.89+10.7)-F(5.89)$）；……。不难看出，当IT服务企业承接创新难度系数较大的项目时，最优团队结构中各层级员工知识集合扩大，中、高层员工的管理幅度也大幅增加。

2. 沟通成本的对最优团队结构影响

为更直观地反映沟通成本对最优团队结构的影响，在本算例中我们将针对特定的一个IT服务项目求解不同沟通成本下的最优团队结构。基本参数值为 $w=0.1$，$k=2$，$c=0.2$。

当沟通成本 h 分布为0.3和0.9时，由式（3.13）、式（3.14）和式（3.15）可得，该项目的最优团队的知识结构和人员分布情况，如图3.3所示。

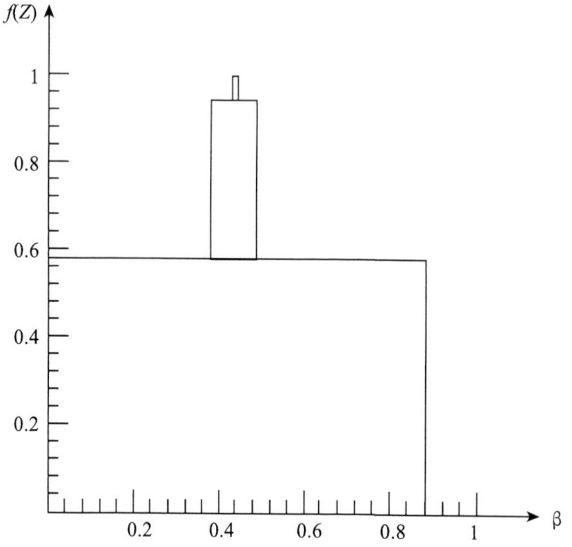

$h = 0.3$

$z_0 = 1.72$

$z_p = 4.13$

$s = 7.87$

$\beta_0 = 0.87$

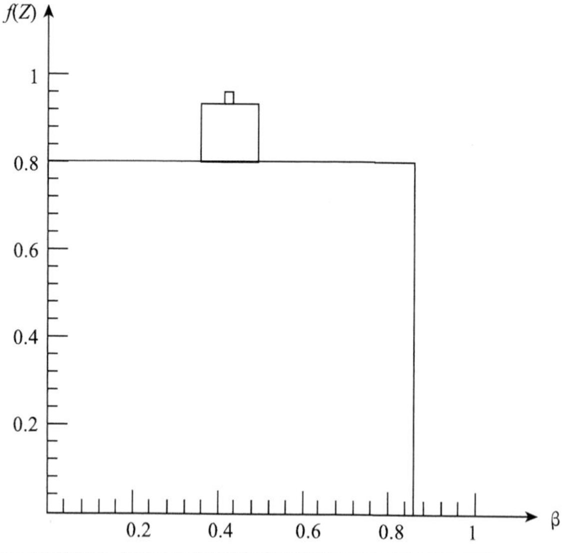

$h = 0.9$

$z_0 = 3.61$

$z_p = 3.83$

$s = 6.77$

$\beta_0 = 0.85$

图 3.3　沟通成本对团队结构的影响算例结果

在图 3.3 中，针对某个 IT 服务项目，当沟通成本 $h = 0.3$ 时，最优团队结构中 0 层员工的人员比例为 $\beta_0 = 0.87$，知识集合的容量 $z_0 = 1.72$，由 0 层员工解决的问题所占的比例为 0.58；1 层员工的人员比例为$\beta_1 = 0.11$，知识集合的容量$z_p = 4.13$，由 1 层员工解决的问题所占的比例为 0.37；……。当沟通成本$h = 0.9$时，最优团队结构中，0 层员工的人员比例为$\beta_0 = 0.85$，知识集合的容量$z_0 = 3.61$，由 0 层员工解决的问题所占的比例为 0.84；1 层员工的人知员比例为$\beta_1 = 0.13$，识集合的容量$z_p = 3.83$，由 1 层员工解决的问题所占的比例为 0.12；……。总之，若企业的沟通成本较高时，最优团队中，为降低总体的沟通成本，0 层员工的知识集合将会越大，项目中由 0 层员工解决的问题越多，最终也导致了中、高层级员工的管理幅度降低。

3. 学习成本对最优团队结构的影响

为更好地反映学习成本对最优团队结构的影响，在本算例中我们将针对特定的一个 IT 服务项目求解不同学习成本下的最优团队结构。基本参数值为$w = 0.1$，$k = 2$，$h = 0.3$。

当学习成本c分布为 0.2 和 0.8 时，由式（3.13）、式（3.14）和式（3.15）可得，该项目的最优团队的知识结构和人员分布情况，如图 3.4 所示。

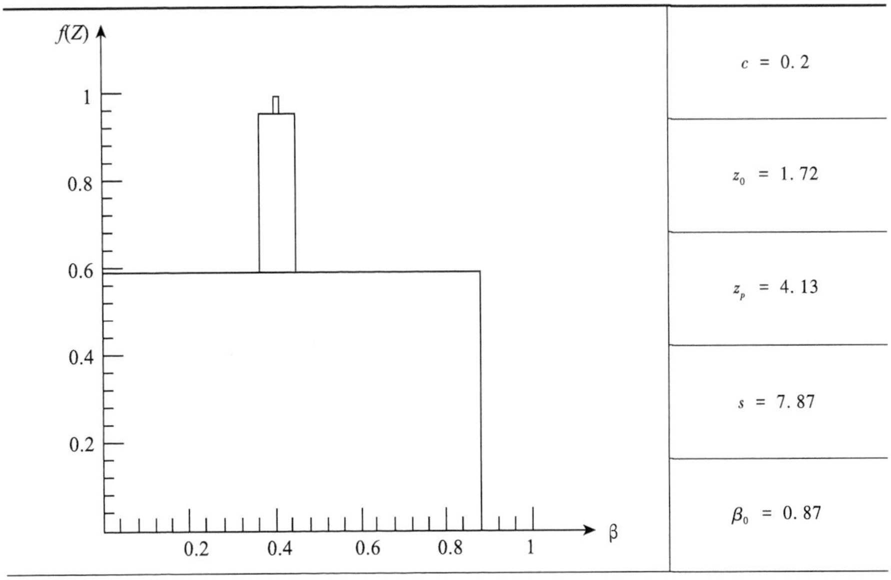

续图

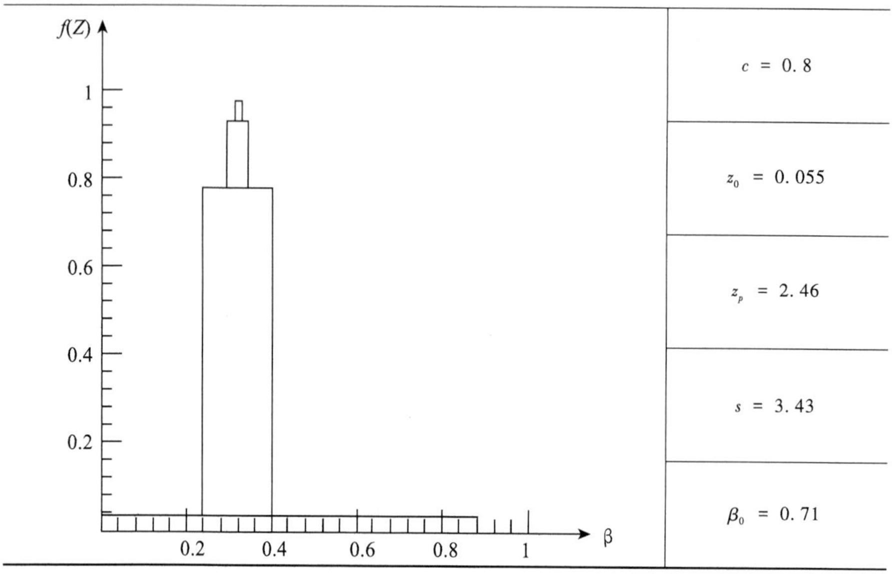

图 3.4　学习成本对团队结构的影响算例结果

在图 3.4 中，针对某个 IT 服务项目，当学习成本 $c = 0.2$ 时，最优团队结构中 0 层员工的人员比例为 $\beta_0 = 0.87$，知识集合的容量 $z_0 = 1.72$，由 0 层员工解决的问题所占的比例为 0.58；1 层员工的人员比例为 $\beta_1 = 0.11$，知识集合的容量 $z_p = 4.13$，由 1 层员工解决的问题所占的比例为 0.37；……。当学习成本 $c = 0.8$ 时，最优团队结构中 0 层员工的人员比例为 $\beta_0 = 0.71$，知识集合的容量 $z_0 = 0.055$，由 0 层员工解决的问题所占的比例为 0.03；1 层员工的人员比例为 $\beta_1 = 0.21$，知识集合的容量 $z_p = 2.46$，由 1 层员工解决的问题所占的比例为 0.69；……。若企业的学习成本越高，也就是说员工的学习能力较低，致使每层级中的知识集合不能过大，相应地，中、高层员工的管理幅度也不能太大。此时，团队中的高水平知识的利用效率不高。

3.7 模型扩展

在以上模型中，本书将员工单位知识的市场价值设为定值。但是，IT服务企业中高技能劳动者与低技能劳动者的工资存在较大的差距。也就是说，员工的工资与员工的知识深度密不可分，即不同知识层级员工的单位知识的市场价值不同。因此，本小节将员工工资水平不平衡现象引入模型中，员工的单位知识的市场价值不再是定值，而是与所在的层级数有关，即层级越高，单位知识的市场价值越高。在本子研究中，假定员工的单位市场价值与层级的关系满足以下关系：$w = ai + b$，$a > 0$。

此时，项目的期望利润为：

$$\max_{z_i,\ \beta_i,\ L} \Pi = \theta(k) F(\sum_{i=0}^{L} z_i)\beta_0 - c\sum_{i=0}^{L} z_i\beta_i - \sum_{i=0}^{L}(ai + b) z_i\beta_i \quad (3.16)$$

在本扩展模型中，对于最高层级数和团队知识库分别为 L' 和 Z' 的团队，增加一个拥有知识集合为 $[Z', Z' + 1)$ 的员工的知识层级时，该员工能够帮助0层员工解决问题的比例为 $\frac{1}{[1 - F(Z')]h}$，那么增加一个知识层级的边际收益 M_R' 和边际成本 M_c' 为：

$$M_R' = \theta(k) \cdot \frac{F(Z' + 1) - F(Z')}{[1 - F(Z')]h} = \frac{\theta(k)[1 - e^{-\frac{1}{k}}]}{h} \quad (3.17)$$

$$M_c' = c + a(L' + 1) + b \quad (3.18)$$

当边际收益与边际成本相等时，完成项目的期望利润最大，即：

$$\frac{\theta(k)[1 - e^{-\frac{1}{k}}]}{h} = c + a(L' + 1) + b,$$

此时，团队的最优的层级数为：

$$L' = \lceil \frac{1}{a}\left[\frac{\theta(k)[1-e^{-\frac{1}{k}}]}{h} - c - b\right] - 1 \rceil 。$$

命题 4：当团队员工的单位知识的市场价值与所在的层级数线性相关时，当 IT 服务企业承接项目的创新难度系数 k 增大时，最优团队的层级数增大。

证明：

$$\frac{\partial L'}{\partial k} = \frac{1}{ah} \cdot \left[\theta(k)'(1-e^{-\frac{1}{k}}) + \theta(k)(-e^{-\frac{1}{k}}) \cdot \frac{1}{k^2}\right]$$

$$= \frac{1}{ah} \cdot \left[\theta(k)'(1-e^{-\frac{1}{k}}) - \theta(k) \cdot e^{-\frac{1}{k}} \cdot \frac{1}{k^2}\right]$$

$$> \frac{1}{ah} \cdot \left[\theta(k)'(1-e^{-\frac{1}{k}}) - \theta(k)' \cdot k \cdot e^{-\frac{1}{k}} \cdot \frac{1}{k^2}\right]$$

$$= \frac{\theta(k)'}{ah} \cdot \left[1 - e^{-\frac{1}{k}} - e^{-\frac{1}{k}} \cdot \frac{1}{k}\right],$$

令 $T = e^{-\frac{1}{k}} + e^{-\frac{1}{k}} \cdot \frac{1}{k}$，那么：

$$\frac{\partial T}{\partial k} = e^{-\frac{1}{k}} \cdot \frac{1}{k^2} + e^{-\frac{1}{k}} \cdot \frac{1}{k^3} - e^{-\frac{1}{k}} \cdot \frac{1}{k^2} = e^{-\frac{1}{k}} \cdot \frac{1}{k^3} > 0$$

因此，T 为单调递增函数。

又 $\lim\limits_{k \to +\infty} T = \lim\limits_{k \to +\infty} e^{-\frac{1}{k}} + e^{-\frac{1}{k}} \cdot \frac{1}{k} = \lim\limits_{k \to +\infty} \frac{k+1}{k} \cdot \frac{1}{e^{\frac{1}{k}}} = 1$，

由此可知，当 $k \in R^+$ 时，$0 < T < 1$。

因此，$\frac{\partial L'}{\partial k} > \frac{\theta(k)'}{ah} \cdot \left[1 - e^{-\frac{1}{k}} - e^{-\frac{1}{k}} \cdot \frac{1}{k}\right] = \frac{\theta(k)'}{ah} \cdot [1 - T] > 0$。命题 4 得证。

据此，针对创新难度系数为 k 的创新项目，项目期望利润最大化的项目团队结构的最优化问题转化为：

$$\max_{z_i, \beta_i}\Pi = \theta(k)F(\sum_{i=0}^{L} z_i)\beta_0 - c\sum_{i=0}^{L} z_i\beta_i - \sum_{i=0}^{L}(ai+b)z_i\beta_i \quad (3.19)$$

$$s.t.\ h\beta_0(1 - F(\sum_{j=0}^{i-1} z_j)) = \beta_i foralli > 0;$$

$$\sum_{i=0}^{L}\beta_i = 1;$$

$$L = \lceil \frac{1}{a}\left[\frac{\theta(k)[1 - e^{-\frac{1}{k}}]}{h} - c - b\right] - 1 \rceil;$$

$$i = 0,\ 1,\ 2,\ \cdots\cdots,\ L。$$

由于上式较为复杂，很难直接求出项目团队中最优的各层级的知识分布和人员分布，因而我们利用 Lingo 编程求解。与上一小节算例中的假定相似，在本节中令项目的单位市场价值为 $\theta(k) = k^2$，学习成本为 $c = 0.2$，沟通成本为 $h = 0.3$；为计算方便，令层级 i 的员工的单位知识的市场价值 $w = i + 1$。当 $k = 2$ 时，IT 服务企业的最优团队的层级数为 5，团队的知识分布和人员分布情况如图 3.5 所示。与上节中图 3.3 对比，当创新难度系数、沟通成本、学习成本都相同时，在员工单位知识的市场价值为定值和员工单位知识的市场价值随着层级数的增加而增大的两种情形下，最优团队结构存在较大的差异，层级数增多，管理幅度也有所下降。

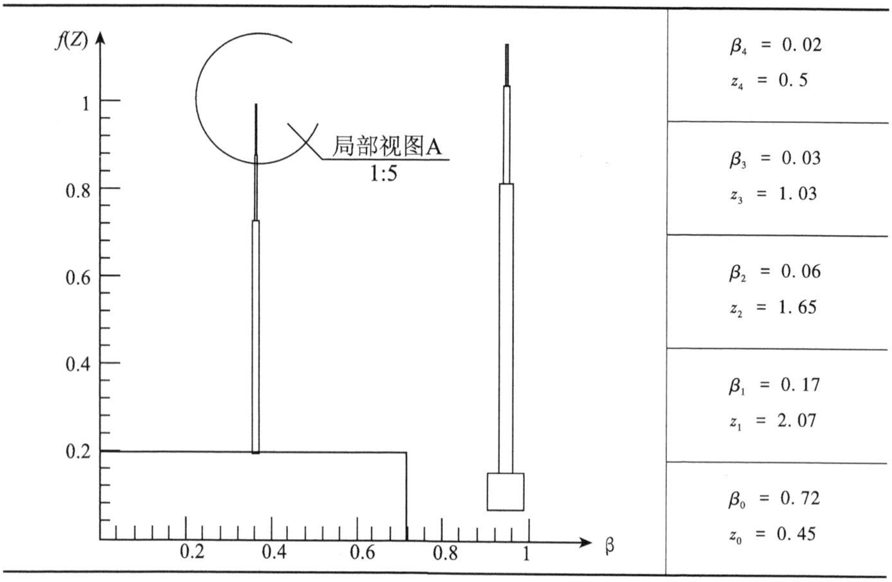

图 3.5　员工单位知识市场价值不等情况下算例结果

3.8　管理启示

本研究在为管理者提供不同创新难度的 IT 服务项目的最优团队结构的同时，通过分析创新难度系数、沟通成本和学习成本对团队结构的影响，在企业提高人力资源和知识资源的利用率等方面，也为 IT 服务企业提供以下相应的管理建议：

（1）在团队组建方面。在 IT 服务企业中，企业会根据员工的专业知识对其进行技术级别的划分。各部门的初级员工由于其知识的普遍性，可替代性强，数量较为庞大。相反地，中、高技能员工的数量相对较少，尤其是高技能员工更是属于稀缺资源。因此，在 IT 服务企业在组建项目团队时，对企业管理者而言，其决策的重点需要放在中、高技能员工的有效利用层面。由上文可知，0 层员工的知识集合是团队知识库的基础，它决定着团队对中、高技能员工的需求量。因此，我们可将0层员工的数量作为已知项。假设0层员工的数量为N_0，此时，对于创新难度系数为k的IT服务项目，组建项目团队的依据为：

团队中每层级的管理幅度：$s = \frac{\theta(k)}{k(c+w)} - \ln h$；

0层员工的知识集合：$z_0 = k\ln s + k\ln h$；

0层以上员工的知识集合：$z_p = k\ln s$；

i层员工的人数为：$N_i = N_0 \cdot s^i$。

（2）在人力资源开发方面。根据研究结论，当IT服务企业要承接创新难度系数较高的项目时，企业应当重视各部的初级员工的专业技能的提高，重视对他们的专业培训，以提高他们的专业技能。

（3）IT服务企业应该根据企业自身的沟通和学习能力来选择合适的创新难度项目。与此同时，企业应该构建利于沟通的组织结构，建立学习型组织等，使企业在提高学习能力的同时保证知识在各层级之间的平衡，以提高企业创新能力。

（4）信息技术的飞速发展，技术进步的技能偏向（Skill-Biased）特点使高技能员工的需求大量增加。企业的人力资本投资也随之表现显著的不平衡现象，技能等级越高的员工获得的人力资本投资越多。然而，本研究发现，在IT服务企业创新项目的最优团队结构的特性中，0层员工的知识集合是团队知识库的基础，它决定着团队高层级员工的知识集合和管理管理幅度，影响着项目的总体人力资源成本。在IT服务企业中，中、高技能员工的知识结构的优化、知识集合的扩大，虽然可以提高企业整体的知识水平和完成创新难度较高的项目的能力，然而，却不一定能够使企业在承接创新难度较大的项目时增加利润。因此，IT服务企业需要对企业的所有员工进行人力资本投资，重视初级员工，重视对他们的专业培训，提高他们的专业技能。

（5）在 IT 服务企业中，企业应重视知识共享效率和学习能力的提高，学习能力是提高企业创新能力的根本。命题 1、2 和 3 描述了创新难度系数、学习成本和沟通成本对最优团队结构的影响，同时也反映提高学习能力、降低学习成本是企业提高承接创新难度较大的项目的必要途径。因此，建议 IT 服务企业可以通过以下方式降低学习成本和沟通成本。首先，IT 服务企业应构建和完善企业知识管理信息系统，建立畅通的沟通渠道，使隐性知识能够有效地在部门之间、成员之间进行交流和共享。其次，在组织设计上应有利于信息、知识的交流，构建灵活性、适应性和自主性的柔性组织结构。第三，企业应强化以知识为导向的文化价值体系，营造宽容和信任的环境，员工的知识学习、共享、创造和尝试应被重视和支持，使得员工的知识集合在沟通和学习中得以扩大，同时也有效地提高知识运用与创新的效率。

（6）在 IT 服务企业中，企业的知识管理是提高企业竞争实力的关键。企业中的存在大量可编码的显性知识，也存在大量需要“干中学”的隐性知识。因此，企业应采取知识编码化和人格化相结合的策略，在实现知识复用经济的同时，发展专家经济。

3.9 本章小结

鉴于 IT 服务企业项目创新难易程度的差异性，本子研究通过对 IT 服务企业的创新过程进行解析，将解决问题的过程视为项目实现的微观基础，并以项目的期望利润最大化为目标，构建基于知识层级结构的优化模型。模型中，依据知识位势相关理论，将团队结构看作基于知识的层级结构，层级越高其知识深度越高，能解决的问题就越独特。低层级员工在遇到不能解决的问题时，将会向高层级员工询问、获取知识，并在此过程中产生沟通成本。

而后，本子研究首先在员工单位知识的市场价值为定值的情况下，对优化模型求解，最终得出IT服务企业特定创新难度系数项目的最优团队结构，并分析发现不同创新难度系数项目的最优团队结构都有以下三个特性：第一，在最优团队结构中，在基于知识层级结构上呈现金字塔形。第二，在最优团队结构中，每层级员工的管理幅度是定值。第三，项目团队中0层员工的知识集合影响着中、高层级员工的知识集合和每层级员工的管理幅度。同时，本研究进一步分析了IT服务企业项目的创新难度系数、沟通成本和学习成本对团队结构的影响，并得出相应的结论。最后，本研究将模型扩展到员工单位知识的市场价值与层级数相关的情况下IT服务企业的团队结构的优化问题，并通过Lingo对该优化问题进行算例分析，为IT服务企业的管理者在人力资源管理和知识管理方面提供决策依据。

第四章　IT服务企业项目团队中个体学习、知识共享对创新行为的影响研究

4.1　问题背景

面对复杂的国际经济形势，我国IT服务总体年收入虽然保持增长，但其增长率呈下降趋势，由2011年的37.5%下滑至2014年的16.7%。同时，客户企业的需求在改变，由缩减成本和改善流程转向对更专业的技能和知识的需求。在客户企业选择IT服务商的评估标准中，交付价格的重要性降低，而创新支持能力、行业经验等成为关键因素，客户企业希望IT服务企业具有创新能力，以满足他们的业务需求。我国IT服务产业的业务构成也从最初的软件代码编写、软件测试等低端、低附加值业务逐步向行业应用开发、产品研发、咨询服务、解决方案等产业链较高端环节拓展。这就意味着我国IT服务企业需要不断提高创新能力水平以取得竞争优势。

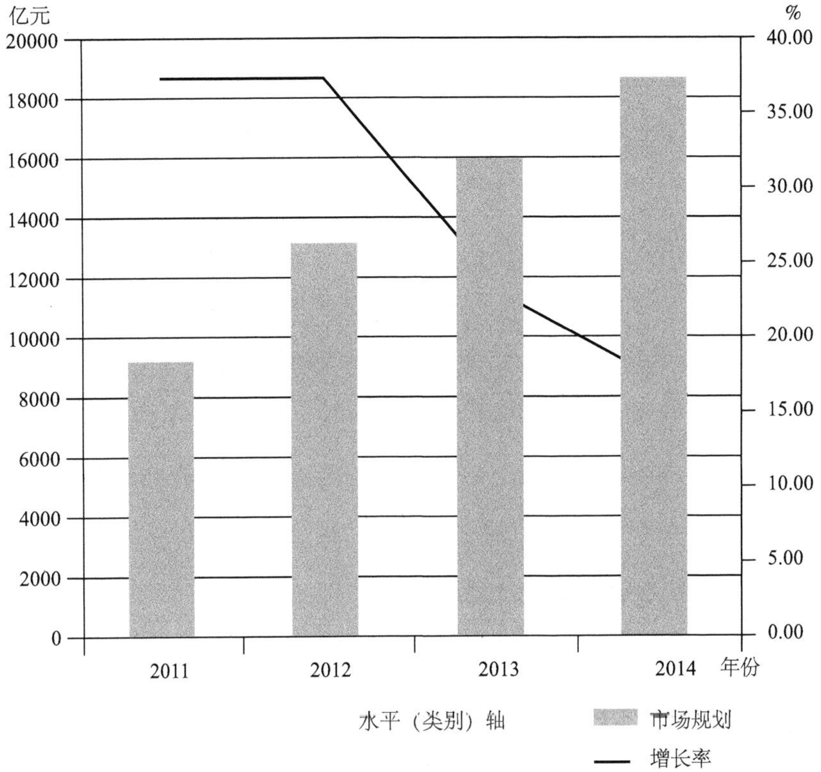

图 4.1　2011—2014 年中国 IT 服务年收入

数据来源：中商产业研究院。

作为IT服务企业的知识载体和创新主体，员工个人创新行为有助于企业更好地完成创新任务，是企业创新的起点和关键。在上一章中，本书基于知识的视角，利用沟通成本和学习成本来度量知识共享效率和学习能力，将二者作为主要变量构建团队结构模型。研究结果表明，企业的知识沟通效率和学习能力是影响企业选择项目创新难易程度的重要因素。同时，企业要提高创新能力以承接创新难度较大的项目，仅仅依靠提高员工沟通效率是不行的，必须提高学习能力。以往很多研究论证了知识共享对员工创新行为的作用。然而，Choi 等人研究发现，知识共享不能直接影响团队创新绩效，而是通过知识利用间接地影响团队创新绩效。Majchrzak 等人也指出，对共享知识的内化和应用是和知识共享不同的知识进程。以往创新领域的研究在强调知识共享的重要性时忽略了共享知识向创新的转化过程。

因此，根据子研究一的相关结论以及其他学者相关研究，本书开展了第二个子研究，结合知识共享和创新行为相关理论，将个体学习作为中介变量，从个体层面研究、探讨在三种不同所有制的 IT 服务企业中，知识共享、个体学习和创新行为之间的关系。

4.2 概念模型和研究假设

随着经济的全球化和知识化，我国 IT 服务企业面临的竞争异常激烈，知识成为 IT 服务企业的重要的战略资源之一。在整个知识管理的主要环节（知识获取、知识存储、知识共享，知识利用与创造）中，知识共享扮演着十分重要的角色。IT 服务企业要在竞争中获得优势，不但要把外部知识转移到企业内部，更重要的是把企业已拥有的知识实现共享并有效利用，为企业创新提供原动力。

在 IT 服务企业的项目团队中，由于员工来自企业内部各个不同的职能部门和位置，每个员工自身的知识储备存在差异。员工拥有的知识特别是经验、直觉等隐性知识，在专业领域和知识水平方面都存在较大差异。知识共享是企业员工获得和转移彼此互补性知识的关键活动。在本研究中，知识共享是指 IT 服务企业员工相互之间主动地分享自己的知识、技能，以及提供他人所需要的知识等行为。其包括两个方面，一方面是 IT 服务企业员工主动地分享自己的知识、技能，即知识贡献；另一方面是企业其他员工会为自己提供自身所需要的知识等行为，即知识收集。员工之间的知识贡献行为或知识收集行为都需要员工之间的交流和沟通，在此过程中产生知识的碰撞能够激发员工学习行为的产生和学习效果的提升。通过在企业进行参与性观察以及深度的访谈，可以将知识共享对个体学习的促进总结为以下几个方面：新的知识、发现和洞察力、同事资源网络、对新知识的知觉、丰富的知识库、新的认知、专业术语的清晰化认识、对自身想法正确性的确定、对自身缺失知识的了解以及与专家差距的认知。

知识共享作为一种知识协调机制能够有效地使有价值的知识资源得到充分的交流和分享，提高员工知识的积累速度，丰富、更新自身知识资源，实现员工知识集合有效扩大，知识质量大幅提升，为员工的个体学习提供有效的资源支撑。因此，本研究提出以下假设：

假设1：在IT服务企业的项目团队中，企业员工知识共享对个体学习有显著的正向影响。

随着信息技术的发展，创新作为高新技术企业培育核心竞争力的原动力，对企业的生存和发展尤为重要。组织学习领域的相关研究表明，组织学习能够有效地促进组织创新。例如：在组织层面，Husain等人从组织网络视角实证研究了组织学习对员工创新能力以及创新过程的影响机制；针对我国IT外包企业，王永贵等人探讨了组织记忆、组织学习与供应商创新能力之间的关系，研究结果表明，在外包情境中组织学习对供应商创新能力的有显著的促进作用。在团队层面，吴勇等人通过实证研究发现，团队学习能力影响着知识共享方式与创造力之间的关系。在个体层面，陶咏梅基于组织学习、社会交换等相关理论验证了个体学习在组织氛围和个体创新关系中的中介作用。组织和团队自身并不会真的学习，组织学习和团队学习的概念是在个体学习基础上的拟人化比喻，个体学习是组织学习和团队学习的基础。组织学习是组织通过整合、利用所获取的知识的方式不断地改变组织的行为以适应不断变化的外界环境、维持企业竞争优势的过程。组织学习不仅影响组织创新的初始阶段，同时也影响创新的执行阶段。作为组织学习的基本载体，个体学习同样是员工整合、利用所获取知识以提高自身解决问题的能力的过程。因此也可以认为，员工通过个体学习能够促进其产生更多的创新行为以完成不同的工作和任务。

此外，员工在获得丰富的、新颖的、异质性知识后，通过个体学习活动将这些知识与自身原有知识相结合进行整合、内化，并进行有效的转化和开发，将知识和实际应用需要进行匹配，形成新的认知，有助于新想法的产生和实施。员工通过个体学习，使其不断吸收新的知识和经验，完善自身的知识构成，促进创新。因此，本研究提出以下假设：

假设2：在IT服务企业的项目团队中，企业员工个体学习对创新行为有显著的正向影响。

IT服务企业作为知识密集型服务企业，知识是员工创新行为的源泉，如果没有知识的储备，员工的创新行为就无从谈起。由于客户需求的差异性，IT服务企业的众多项目都是跨学科、多领域的。然而个人知识的局限性，也使得仅凭个人拥有的知识资源并不能很好地现实创新，员工只有获取创新所需要的相关知识，才能具备进行创新的能力。知识共享直接影响员工的知识积累与创新的方向。也就是说，创新行为的产生更多依赖于员工之间的知识共享，员工需要积极地从他人获取新的有价值的关键知识才能实现创新。

知识共享为员工个人的异质性知识提供了链接，实现了知识在员工之间的有效流动和传递，能够使员工迅速获得创新所需要的知识。对于员工的知识共享行为而言，知识收集能够扩大自身的知识存量，知识贡献也能够使得自身知识系统化，激发出新知识。因此，知识共享不仅为员工之间了解和获取他人的经验和技术的提供机会，同时开拓了思维，有助于新想法、新创意的产生。知识管理专家野中郁次郎与竹内广隆中指出，知识共享是企业知识创新的基础。知识管理领域的多数研究表明，员工之间密集的知识共享可以使员工获得企业内部的知识或资源，提高创新能力。同时，知识共享促进了员工之间的沟通与交流，利于员工之间建立良好伙伴关系，有利于新想法的顺利实施。因此，本研究提出以下假设：

假设3：在IT服务企业的项目团队中，企业员工知识共享对创新行为有显著的正向影响。

以往众多研究表明，知识共享是创新的基础，对创新有显著的促进作用。然而，也有学者发现，知识共享与创新之间的直接正向关系有时并不显著。知识共享并不能成功地保证将获取的知识应用到创新中，吸收已获取的知识，并利用它们实现创新的能力对创新行为的影响也不容忽视。Pfeffer等人指出，企业员工并不能有效应用已获取的知识进行创新，知识共享和创新之间存在“knowing-doing gap”。尽管知识共享对创新至关重要，但是对共享知识的内化、整合以及应用到新问题中是创新行为的另一个挑战。整合和应用共享知识是和知识共享不同的知识进程，在强调知识共享的重要性的同时，也要重视知识到创新的转化过程。本书第一个子研究也表明，提高学习能力、降低学习成本是IT服务企业提高创新能力的必要途径。员工之间密集的知识共享可以使员工获得企业内部的知识资源，为员工的个体学习提供丰富的知识基础。在此基础上，通过个体学习将获得的知识进行进一步的整合以及利用，最终扩大了员工自身的知识存量，拓宽和深化了知识的宽度和深度，有助于创新行为的产生。因此，本研究提出以下假设：

假设4：在IT服务企业的项目团队中，企业员工的个体学习中介了知识共享与创新行为之间的关系。

4.3 研究过程

在上一节的研究假设和模型构建的基础上，本节将主要介绍各构念的操作化定义以及测量题项、调查问卷的形成、数据收集、对数据缺失值处理和描述性统计分析，以及本子研究采用的主要的数据分析手段。

4.3.1 调查问卷设计

本研究采用问卷调查法作为收集资料和数据的主要方法。在设计调查问卷时，为确保问卷的质量，根据国内外学者的建议和方法，本书在问卷的设计考虑了以下问题：问卷的理论构思与目的、问卷题项的语句以及用词；根据问卷设计的目的来确定问卷的内容和量表的构成；在语句表达上避免多重含义，用词具体、明确；对于某些敏感问题，采取变化问题的提法，以获得较为准确的数据。

在调查问卷的设计过程中，首先，搜寻、阅读大量的与知识共享、个体学习和创新行为相关文献资料，寻找、比较相关的测量量表，同时通过调查访谈，结合我国 IT 服务企业的具体背景，选择合适的、已被反复使用和验证成熟量表。其次，与相关的专家学者进行充分讨论，分析并修改问卷的题项。由于本书中各个构念的原始量表均为英文，因此，本研究采用翻译—回译（Back-Translation）方法。具体来说，首先，请有英语专业知识或留学经历的国内学者将英文题项翻译成中文；其次，再请两名学者将中文译本回译成英文；而后，通过对 IT 服务企业的深度访谈，与多位精通中英文、深谙中西方文化的实践中的专家对中文问卷题项展开讨论，对题项的内容和语言进行进一步的修订，使该问卷题项能够符合 IT 服务企业的实际背景并且表述浅显易懂；最后，通过小范围发放问卷的方式，对问卷进行预调研，进一步对题项进行提炼，最终形成本书的调查问卷。

本研究的调查问卷主要由两个部分内容组成。第一部分是被调查者的背景资料，主要包括被调查人员的性别、受教育程度等内容；第二部分是问卷的主体部分，是本研究中各个构念的测量题项。本调查问卷采用了 Likert 五级量表进行测量，以此衡量被调查者对于各题项的同意程度，即 1 代表强烈不同意，2 代表不同意，3 代表中立，4 代表同意，5 代表强烈同意。

4.3.2 变量的操作化定义和测量题项

本子研究涉及知识共享、个体学习和创新行为三个变量。自变量为知识共享，中介变量为个体学习，因变量为创新行为。

1. 知识共享的操作化定义

根据 Koh 等人的研究并结合 IT 服务行业的实际背景，在本研究中，知识共享是指 IT 服务企业员工之间主动地分享自己的知识、技能，以及提供他人所需要的知识等的行为。

本研究中，知识共享的测量题项来自于 Koh 等人编制的“知识共享”问卷。知识共享为构成型构念，由两个反映型的子构念组成，即知识收集（Obtaining Knowledge from Other Colleagues，简称 OKC）和知识贡献（Transferring Knowledge to Other Colleagues，简称 TKC），共 6 个题项，具体见表 4. 1 所示。

2. 个体学习的操作化定义

根据第二章对个体学习的文献梳理，基于 Lichtenthaler 和陈国权对个体学习的阐述，结合 IT 服务行业的现实背景，本研究中的个体学习是指员工通过对获取的知识和技能等的内化、整合和利用，以在不断变化环境中使自己保持良好生存和健康和谐发展的过程。

由于陈国权提出的个体学习的题项多达 27 个，将会影响问卷调查者完成问卷的坚持性，降低其回答问题的意愿。因此，本研究结合 Lichtenthaler 以及陈国权编制的问卷，对 IT 服务企业中员工的个体学习进行测量，共 7 个题项，具体见表 4. 1 所示。

3. 创新行为的操作化定义

根据第二章对创新行为的文献研究，本研究结合 Scott 和 Bruce，以及 Yuan 等人给出的定义，即创新行为是指 IT 服务企业员工自己产生或引进他人的新想法，以及将新想法付诸实践的行为。

本研究采用 Yuan 等人编制的“创新行为”问卷，对 IT 服务企业中员工的创新行为进行测量。在本研究中，创新行为为反映型构念，共 5 个题项，具体见表 4. 1 所示。

表 4.1 知识共享、创新行为和个体学习的操作化定义与测量题项

构念	操作性定义	测量题项
知识共享	IT服务企业员工相互之间主动地分享自己的知识、技能，以及提供他人所需要的知识等的行为	我与同事分享我掌握的知识
		我与同事分享我的工作方法
		我与同事分享我掌握的关于公司产品和服务的技术诀窍
		同事与我分享他们掌握的知识
		同事与我分享他们的工作方法
		同事与我分享他们掌握的关于公司产品和服务的技术诀窍
个体学习	员工通过对获取知识技能等的内化、整合和利用，以在不断变化环境中使自己保持良好生存和健康和谐发展的过程	我能将技术或知识应用于新产品或服务中
		我定期地将新技术与新产品或服务进行匹配
		我能够优化选择应对各种问题的新措施和方案
		我能将自身的知识进行举一反三和多方面的运用
		我能迅速认识到新技术、知识对已有知识的有用性
		我能迅速理解用已有技术服务我们的客户的新机会
		我们经常考虑如何更好地利用新技术或知识
创新行为	IT服务企业员工自己产生或引进他人的新想法，并将新想法付诸实践的行为	我会搜寻新技术、流程、工艺、产品创意
		我会产生有创意的想法
		我会把创意向其他人宣传以赢得支持
		我会调查并确保实施新创意所需的资金
		我会为实施新创意制定充分的计划和日程表

4.3.3 数据收集

本书数据样本采集的对象是：纳斯达克上市的总部在北京的某大型民营IT服务企业、北京某国有IT服务企业和总部在美国的某跨国IT服务在北京和西安的分公司。这些企业在中国IT服务行业中都处于领先地位，涵盖了国企、外企和民营三种类别，保证了其企业文化和员工的个人文化具有显著的差异性，使数据具有代表性。

问卷发放以现场发放和电子邮件两种形式完成。对总部在美国的某跨国公司，是在现场发放纸质版问卷，并与企业高层管理者进行了深度的交谈。对纳斯达克上市的北京某公司，在进行现场访谈后，利用电子版的调查问卷收集数据。北京某国有企业通过人力资源部管理者向企业员工发放电子版的调查问卷，并以电子邮件的方式将调研结果反馈。共收集问卷 484 份，其中有效问卷 445 份。

4.3.4 缺失值处理

由于被调查者可能不愿意回答所有的问题或者出现错误打分等原因导致数据不完整，存在缺失值。在以往的研究中，对于缺失值的处理主要有以下三种方法：第一，删除所有不完整的数据；第二，使用列的算术平均值、缺失值临近点的算术平均值、缺失值临近点的中位数等替代缺失的数据；第三，使用软件来处理丢失的数据。由于删除含有缺失值的数据会降低样本的数量，同时造成部分信息的丢失。因此，本研究根据 Hair 等人在“A primer on partial least squares structural equation modeling（PLS-SEM）”中的论述，当某题项的缺失值所占的比例大于 5%时，删除所有存在缺失值的数据；当满足每个题项的缺失值所占比例都小于 5%，同时每一条数据中缺失值的比例小于 15%，可对该数据进行缺失值插值。本研究的数据中的缺失值满足上面两个条件，考虑删除数据可能导致删除同类型数据以及样本数据减少，因此，本书利用 SmartPLS 对缺失值进行插值。

4.3.5 描述性统计

本书利用 SPSS Statictics 17.0 对被调查者的人口特征进行描述性统计分析，主要采用频次及百分比指标，以掌握研究对象的特征，进而有助于更好地进一步了解统计分析结果。与此同时，本书对个体学习、知识共享和创新行为的各个测量题项的最大值、最小值、均值、标准差、偏度和峰度指标进行描述统计量进行分析，以作为进一步研究的基础。

1. 人口特征的描述性统计

对有效问卷中被调查者的一系列基本特征进行描述性统计，结果如表 4.2 所示。被调查者性别分布上，男性占 70.1%，女性占 29.9%，男性的比例很高，这与 IT 服务行业的整体特征有关。年龄结构分布上，小于 20 岁的占总数的 1.1%，20~30 岁的占 57.1%，31~40 岁的占 27.0%，41~50 岁的占 13.0%，50 岁以上的占 1.8%，样本中青年人居多。在学历分布上，大专及其以下的占总数的 9.2%，本科占 53.5%，研究生以上学历占 37.3%。可以看出，总体学历层次较高，IT 服务企业作为知识密集型行业，企业员工需要接受较为系统的高等教育与专业培训才能胜任工作。

表 4.2　样本的人口统计特征

样本特征		数　量	所占比例（%）
性别	男	312	70.1
	女	133	29.9
年龄	小于 20 岁	5	1.1%
	20~30 岁	254	57.1%
	31~40 岁	120	27.0%
	41~50 岁	58	13.0%
	50 岁以上	8	1.8%
教育水平	大专及其以下	41	9.2%
	本科	238	53.5%
	研究生以上	166	37.3%

2. 构念测量题项的描述性统计

本研究对知识共享、个体学习和创新行为三个构念的所有测量题项的最大值、最小值、均值、标准差、偏度和峰度等描述统计量进行分析，结果如表 4.3 所示。一般认为，当偏度绝对值小于 3，峰度绝对值小于 10 时，说明该样本基本上服从正态分布。

表 4.3 知识共享、个体学习和创新行为测量题项的描述性统计

G 构念	测量题项	N	最小值	最大值	均值	标准差	偏度		峰度	
		统计量	统计量	统计量	统计量	统计量	统计量	标准误差	统计量	标准误差
知识共享	TKC1	444	1	5	4.01	1.033	-1.638	0.116	4.481	0.231
	TKC2	444	1	5	4.02	0.969	-1.571	0.116	4.626	0.231
	TKC3	442	1	5	3.96	1.035	-1.341	0.116	3.080	0.232
	OKC1	443	1	5	4.00	1.043	-1.446	0.116	3.733	0.231
	OKC2	442	1	5	3.91	1.009	-1.278	0.116	3.227	0.232
	OKC3	444	1	5	3.88	1.047	-1.150	0.116	2.455	0.231
个体学习	IL1	443	1	5	3.17	1.045	-0.343	0.116	0.955	0.231
	IL2	444	1	5	3.09	0.998	-0.505	0.116	1.342	0.231
	IL3	444	1	5	3.50	0.970	-0.744	0.116	2.256	0.231
	IL4	443	1	5	3.62	1.027	-0.932	0.116	2.562	0.231
	IL5	443	1	5	3.32	1.091	-0.510	0.116	0.777	0.231
	IL6	438	1	5	3.46	1.083	-0.800	0.117	1.744	0.233
	IL7	443	1	5	3.41	1.057	-0.534	0.116	0.975	0.231
创新行为	INB1	444	1	5	3.75	1.000	-1.236	0.116	4.187	0.231
	INB2	444	1	5	3.77	0.980	-1.184	0.116	3.872	0.231
	INB3	444	1	5	3.73	0.966	-0.870	0.116	2.578	0.231
	INB4	442	1	5	3.33	1.072	-0.633	0.116	1.362	0.232
	INB5	444	1	5	3.29	1.101	-0.437	0.116	0.696	0.231

注：TKC：知识贡献；OKC：知识获取；IL：个体学习；INB：创新行为。

4.3.6 数据分析方法

1. 结构方程模型方法

本研究采用结构方程模型的方法（Structural Equation Modeling）分析数据。在结构方程模型方法中有两种分析技术，一种是基于协方差分析的技术（Covariance-Based Technique），可利用 LISREL 或 AMOS 软件等进行运算；另一种是基于方差分析（Variance-Based Technique）的 PLS（Partial Least Squares Technique）分析技术，可利用 SmartPLS、PLS-Graph 以及 PLS-GUI 等软件进行计算。

本研究选择 PLS 分析技术，原因有以下两点：首先，PLS 技术不仅能够处理反映型构念（Reflective Construct），同时能够处理构成型构念（Formative Construct），在本研究中的知识共享是构成型构念。其次，PLS 技术对于样本规模和残差分布没有严苛的要求，同时稳健性较好。本研究使用的 PLS 技术的软件工具是 SmartPLS 2.0 版。

结构方程模型中包括两个基本模型：测量模型（Measurement Model）和结构模型（Structural Model）。测量模型是由潜在变量和测量指标组成，结构模型则是表示潜在变量之间关系的模型。潜在变量是无法直接被测量和观察得到的，是对某种现象或特质的抽象概念，也称为构念。测量指标是抽象概念的具体化，也称为题项。在管理学的研究中，由于构念和题项关系的不同，测量模型可以分为两种类型：反映型测量模型（Reflective Measurement Model）和构成型测量模型（Formative Measurement Model）。与之相对应，构念可分为反映型构念和构成型构念。在反映型测量模型中，因果关系是由构念指向测量指标，测量指标之间存在很大的共变性，即使删除了某个指标，也不会改变测量内容的完整性。相比之下，在构成型测量模型中，因果关系是由测量指标指向构念，测量指标反映了构念的不同方面，它们作为一个整体共同反映了构念，如果删除某个测量指标时，对构念的估计是不完整的。

在验证结构模型之前，需要对测量模型进行信度（Reliability）检验和效度（Validity）检验来检验测量模型的有效性。由于反映型测量模型和构成型测量模型的差异，对于它们的检验指标也存在不同。因此，我们在表 4.4 中分别列出了两种测量模型的信度和效度检验指标。

表 4.4　反映型测量模型和构成型测量模型的检验指标

反映型测量模型
• 信度：Cronbach's alpha 系数大于 0.7；组合信度（Composite Reliability）的值大于 0.7
• 内容效度：一般通过文献回顾或专家评估的方式
• 结构效度：
——聚合效度（Convergent Validity）：各构念的平均方差萃取值（AVE）大于 0.5 表明方差萃取的比例较高，聚合效度较高
——区分效度（Discriminant Validity）：平均方差萃取值的平方根大于构念与其他构念之间的相关系数值；构念的题项的载荷值大于交叉载荷值
构成型测量模型
• 信度：每个测量题项的方差膨胀因子 VIF（Variance Inflation Factor）的值小于 3.3，多重共线性较弱
• 内容效度：一般通过文献回顾或专家评估的方式
• 结构效度：测量题项的权重在 $p < 0.05$ 水平显著

2. 偏差纠正的非参数百分位 Bootstraping 方法

中介变量作为一个重要的统计概念，在社会科学中起着重要作用。如果自变量 X 通过变量 M 对因变量 Y 产生一定影响，M 则称在 X 和 Y 之间起中介作用，M 为中介变量，如图 4.2 所示。其中，a 和 b

为 X 到 M 、M 到 Y 的路径系数，c 和 c' 分别为不包含和包含中介变量 M 的路径系数。

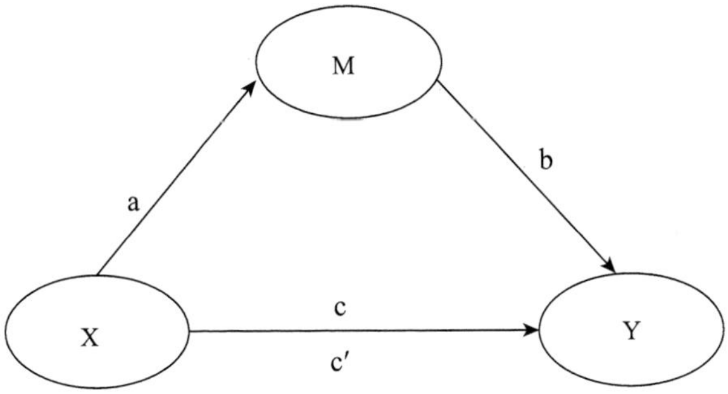

图 4.2　中介效应模型

对中介效应的检验方法，本研究采用 Zhao 等人提出的被国内外学者广泛引用的中介效应的检验程序，如图 4.3 所示。具体而言，先确定中介路径 $a \cdot b$ 的显著性，若不显著，则中介效应不成立；若显著，则继续检验 c' 的显著性。若 c' 不显著，则表明变量 M 是唯一的中介变量，起唯一的间接中介作用（Indirect-Only Mediation）。若 c' 显著，则表明模型中还可能存在其他中介路径，需要进一步根据 $a \cdot b \cdot c'$ 的正负分析该遗漏的中介变量与模型中的中介效应的方向的一致性。若 $a \cdot b \cdot c' > 0$，则方向一致，表明遗漏了与模型中中介效应方向一致的中介变量，称为互补中介（Complementary Mediator）；若 $a \cdot b \cdot c' < 0$，则方向相反，表明遗漏了与模型中中介效应方向相反的中介变量，称为竞争中介（Competitive Mediator）。

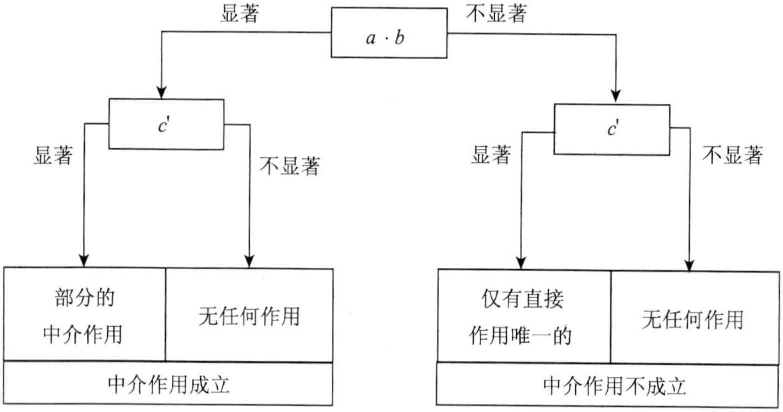

图 4.3　中介效应检验程序

根据 Zhao 等人的研究，本研究利用 Preacher 和 Hayes 提出的偏差纠正 Bias-Corrected Bootstrapinging 方法进行中介效应的显著性检验，即 $a \cdot b$ 的显著性检验。相比以往普遍采用的传统的 Sobel 检验法，偏差纠正 Bias-Corrected Bootstrapinging 方法提供了准确的中介效应置信区间，在第 I 类错误率控制在合理的范围内的同时，统计功效较高。具体操作步骤如下：

（1）对于中介效应模型（如图 4.2），利用原样本数据得出 a 和 b，并计算出中介效应值 $a \cdot b$。

（2）利用 Bootstraping 方法构建 5000 个样本容量与原样本容量相同的样本，分别估计中介效应值，得到 5000 个中介效应值，并按从小到大的顺序排列形成一个分布。

（3）在该分布中，计算出小于原样本的 $a \cdot b$ 的数值所占的比例 p_0，查询正态分布表得到对应的 z_0。

（4）计算 $z_1 = 2 * z_0 - 1.96$ 和 $z_2 = 2 * z_0 + 1.96$，查询标准正态分布表得到对应的 p_1 和 p_2。

（5）在由 5000 个中介效应值构成的分布中，第 $5000 * p_1$ 和第

5000 * p_2 个值为 Bias-Corrected Bootstrapinging 方法得到的 95% 置信区间的下限和上限。若该区间不包含 0，则中介效应显著，中介作用得到支持。

4.4 数据分析

我们利用总体 445 份有效样本的数据利用 SPSS Statictics17.0 和 SmartPLS 2.0 进行共同方法偏差检验、测量模型的信效度检验、构念的相关性分析和结构模型检验。

4.4.1 共同方法偏差

本研究中的数据来自自陈式量表，由于一致性动机和社会称许性容易产生共同方法偏差，进而威胁到研究效度。为了避免共同方法偏差问题，本研究首先采用了程序控制的方法，例如：通过深度访谈对测量题项进行了更为清晰的界定，降低模糊性，在数据收集过程中采用匿名的方式填写问卷。

另一方面，在统计控制上，本研究采用两种方法进行共同方法偏差估计的分析。首先，利用 Podsakoff 等人提出的 Harman 单因素检验。该方法在自陈式量表的研究中是最常用的检验共同方法偏差的方法。利用 SPSS Statictics 17.0 软件对本研究中知识共享、个体学习和创新行为的所有测量题项进行探索性因子分析（Exploratory Factor Analysis，EFA），结果显示第一个主成分的方差解释量为 39.7%，不存在单一因子解释大部分方差的现象。第二种方法是 Liang 等人开发的 PLS 检验方法。在该评估中，首先由模型中所有题项构成共同方法因子；其次，将模型中所有测量题项转化为单题项的构念，而后将这些构念和原构念以及共同方法因子相连形成模型，进行软件运算。结果表明，在共同方法因子的构念上，载荷值都远小于原测量题项在其所对应的构念上的数值，本研究的共同方法偏差不存在较大的问题。因此，基于以上两种评估方法可以看出，共同方法偏差对本研究的效度无显著的影响。

4.4.2 测量模型检验

在本子研究中，个体学习、创新行为以及知识共享的两个子构念（知识收集和知识贡献）都为反映型构念，知识共享为构成型构念。因此，根据 4.3.6 节中阐述的检验指标分别对两种测量模型进行检验。

1. 反映型测量模型的信度和效度检验

首先，利用 Cronbach's alpha 和组合信度来检验个体学习、创新行为、知识贡献和知识收集的信度。如表 4.5 所示，个体学习、创新行为、知识贡献和知识收集的 Cronbach's alpha 和组合信度的值均大于 0.7，表明本研究中构念的信度较好。

表 4.5 信度和聚合效度检验——子研究二

构念	Cronbach's alpha	组合信度	AVE
INB	0.8345	0.8829	0.6024
IL	0.8244	0.8691	0.5232
TKC	0.8517	0.9100	0.7714
OKC	0.8668	0.9186	0.7899

注：INB：创新行为；IL：个体学习；TKC：知识贡献；OKC：知识获取。

表 4.6 潜在变量间相关系数和 AVE 平方根——子研究二

	INB	IL	TKC	OKC
INB	0.7761	—	—	—
IL	0.6929	0.7233	—	—
TKC	0.5310	0.4503	0.8783	—
OKC	0.5290	0.5202	0.7016	0.8887

注：对角线上的数据表示构念的 AVE 值的算术平方根。

依据 4.3.6 节中的阐述，本研究从聚合效度和区分效度来检验结构效度。对于聚合效度，表 4.5 中四个构念的平均方差萃取值（AVE）大于 0.5，这表明方差萃取的比例较高，聚合效度较高。表 4.6 中，对角线上的数值为平均方差萃取值的平方根，它们的值大于各构念之间的相关系数，这表明测量模型具有较好的区分效度。表 4.7 是交叉因子载荷系数表。从表中可以看出，每个题项与其潜变量间具有较高的相关系数，并且大于与其他潜变量间的相关系数值，这进一步表明该测量模型具有良好的区分效度。

表 4.7 交叉因子载荷表——子研究二

题 项	IL	INB	TKC	OKC
IL1	0.7072	0.4977	0.2628	0.2773
IL2	0.7381	0.5073	0.1949	0.2789
IL3	0.7084	0.5464	0.2879	0.2998
IL4	0.7261	0.4903	0.4038	0.4541
IL5	0.6996	0.4209	0.3236	0.3076
IL6	0.6628	0.454	0.2511	0.3341
IL7	0.6394	0.4568	0.4319	0.5361
INB1	0.4937	0.7333	0.5778	0.5338
INB2	0.5719	0.8101	0.4923	0.4849
INB3	0.5721	0.8525	0.4658	0.4409

续表

题项	IL	INB	TKC	OKC
INB4	0.5127	0.7151	0.2214	0.2363
INB5	0.538	0.7613	0.2382	0.3063
TKC1	0.356	0.4389	0.85	0.5396
TKC2	0.4111	0.4855	0.8952	0.6587
TKC3	0.4163	0.4731	0.8889	0.6441
OKC1	0.4741	0.4833	0.6078	0.8637
OKC2	0.4514	0.4573	0.6366	0.9044
OKC3	0.4622	0.4707	0.626	0.8977

2. 构成型测量模型的信度和效度检验

依据4.3.6节中的阐述对构成型测量模型进行检验。首先，计算知识共享中两个子构念的方差膨胀因子VIF值检验多重共线性。以SmartPLS 2.0软件计算所得的知识共享的分值（Unstandardized Latent Variable Score）为因变量，知识收集和知识贡献的分值作为自变量，利用SPSS Statictics 17.0中普通最小二乘法做多元回归，最终得出两个子构念的VIF值，如表4.8所示。由表4.8可知，两个子构念的VIF值均小于3.3，表明量表的信度较好。

表4.8 构成型构念的信度和效度检验——子研究二

构念	VIF值	权重
TKC	1.963	0.530***
OKC	1.963	0.554***

注：显著水平：$*p < 0.05$，$**p < 0.01$，$***p < 0.001$。

对于知识共享的效度的检验，利用SmartPLS 2.0软件中Algorithm得到子构念的权重，而后，采用bootstrapping方法得到权重的T检验值。T值大于1.96时，表明子构念达到0.05的水平显著。分析结果如表4.8所示，两个子构念的权重达到0.05的显著水平，这表明其具有较好的效度。

4.4.3 相关性分析

相关关系是指变量之间的非确定性关系。对变量间的相关关系的探讨，是后续对这些变量之间的因果关系进行分析的基础。本书利用SPSS Statictics 17.0得到知识收集和知识贡献、个体学习和创新行为之间的皮尔逊相关系数，如表4.9所示。

表4.9 知识收集、知识贡献、个体学习和创新行为之间相关分析

	知识收集	知识贡献	个体学习
知识贡献	0.700**	—	—
个体学习	0.505**	0.437**	—
创新行为	0.518**	0.517**	0.690**

注：**表示相关系数在0.01水平上显著（双尾检验），*表示相关系数在0.05水平上显著（双尾检验）。

从表4.9可知，知识共享的知识收集和知识贡献两个维度与个体学习和创新行为都有显著的相关关系，且相比之下，知识收集与个体学习和创新行为之间的相关性更高。对于创新行为而言，个体学习与其相关性也明显高于与知识收集和知识贡献的相关性，这说明了个体学习的重要性。

4.4.4 结构模型检验

在确认各测量模型的信度和效度后，本研究利用SmartPLS 2.0软件对结构模型进行检验。对于结构模型的检验有两个方面：一方面，通过构念之间的路径系数的正负和路径系数的显著性水平来检验假设；另一方面，通过潜在变量被解释的方差的大小来检验模型的解释力。在 SmartPLS 2.0 软件中运行 PLS Algorithm，得到结构模型中的路径系数和被解释方差；运行 Bootstrapping，得到路径系数的显著水平（根据 Chin 等人的建议采用 500 作为重复样本数）。分析结果如图 4.4 所示。

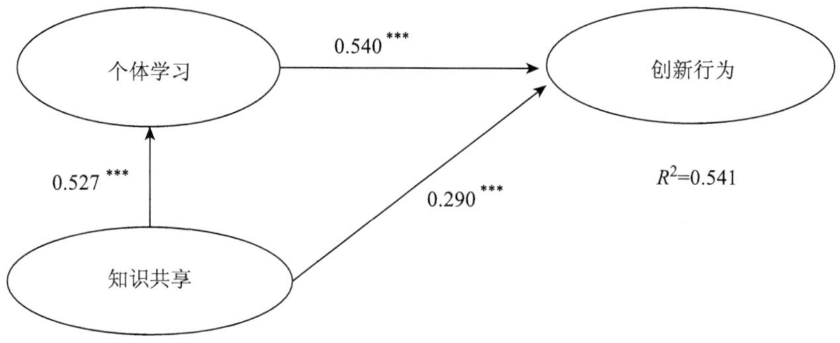

图 4.4　结构模型检验结果——子研究二

该模型解释了员工创新行为 54.1%的方差。模型检验结果发现，知识共享对个体学习有显著的正向影响，支持假设 1。个体学习对创新行为有显著的正向影响，支持假设 2。与过去关于知识共享和创新行为的关系研究结果一致，知识共享对创新行为有显著的正向影响，假设 3 也得到支持。

我国的经济制度是以公有制为主体的混合所有制经济制度。中国 IT 服务企业的性质同样也呈现多样化，其主要由国有企业、民营企业和外资企业组成，不同性质的 IT 服务企业在管理体制和企业文化等方面存在差异。基于社会认知理论，创新行为不仅受到个人因素的影响，同时也受到企业的组织环境的影响。以权变的眼光看待管理体制和企业文化等情境因素对员工创新行为的影响是非常重要的。因此，在不同性质的 IT 服务企业中，探索企业员工的个体学习在知识共享与创新行为关系中的中介作用到底存在什么样的差异也是十分必要的。

根据 4.3.6 节阐述的关于中介作用的验证方法及步骤分别对三种性质的 IT 服务企业中个体学习的中介作用进行验证。

1. 国有 IT 服务企业

首先利用 SmartPLS 2.0 对国有 IT 服务企业的数据依次运行 PLS Algorithm 和 Bootstrapping，得到结构模型中的路径系数和相应的显著水平，结果如图 4.5 所示。而后，依据 4.3.6 节中的 Preacher 和 Hayes 提出的偏差纠正 Bias-Corrected Bootstraping 方法的具体步骤进行中介效应的显著性检验，得到个体学习的中介效用的 95%的 Bias-Corrected Bootstraping 置信区间为（0.0364941，0.1323322），置信区间不包含 0，个体学习的中介效应显著。同时，由图 4.5 可知，知识共享对创新行为的正向影响作用并不显著。也就是说，在国有 IT 服务企业中，知识共享不能直接影响创新行为，个体学习在知识共享和创新行为的关系中起唯一的中介作用。

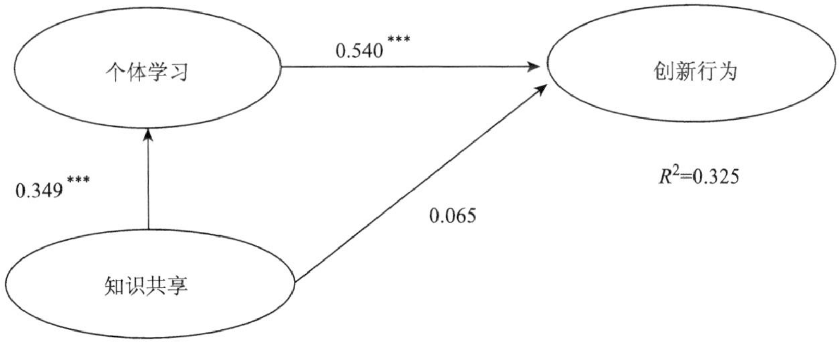

图 4.5 国有 IT 服务企业情境下中介作用的检验结果

2. 外资 IT 服务企业

采用同样的步骤检验外资企业中个体学习的中介作用。利用

SmartPLS 2.0 对外资 IT 服务企业的数据运行 PLS Algorithm，得到结构模型中的路径系数，如图 4.6 所示。在外资 IT 服务企业中，个体学习的中介效用的 95% 的 Bias - Corrected Bootstraping 置信区间为（0.246514，0.45613958），置信区间不包含 0，个体学习的中介效应显著。同时，在外资企业中，知识共享对创新行为的正向影响也显著。因此，在外资 IT 服务企业中，知识共享不仅直接促进员工的创新行为，同时还通过个体学习间接地影响创新行为。

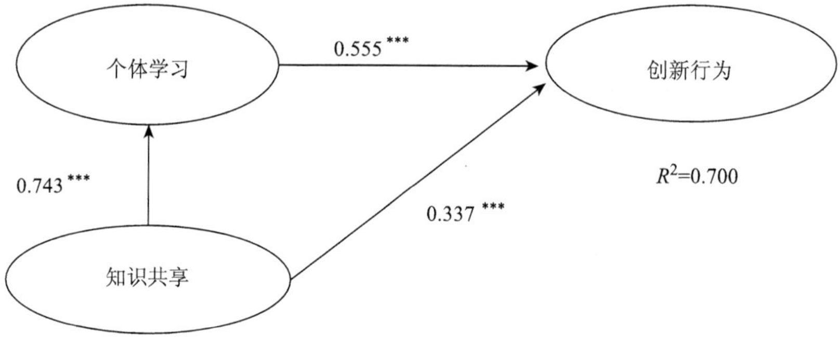

图 4.6 外资 IT 服务企业情境下中介作用的检验结果

3. 民营 IT 服务企业

采用同样的步骤检验民营企业中个体学习的中介作用。利用 SmartPLS 2.0 对民营 IT 服务企业的数据运行 PLS Algorithm，得到结构模型中的路径系数，如图 4.7 所示。在民营 IT 服务企业中，个体学习的中介效用的 95% 的 Bias - Corrected Bootstraping 置信区间为（0.13353392，0.3302936），置信区间不包含 0，个体学习的中介效应显著。与在外资企业的情形相似，在民营企业中，知识共享对创新行为有显著的正向影响。

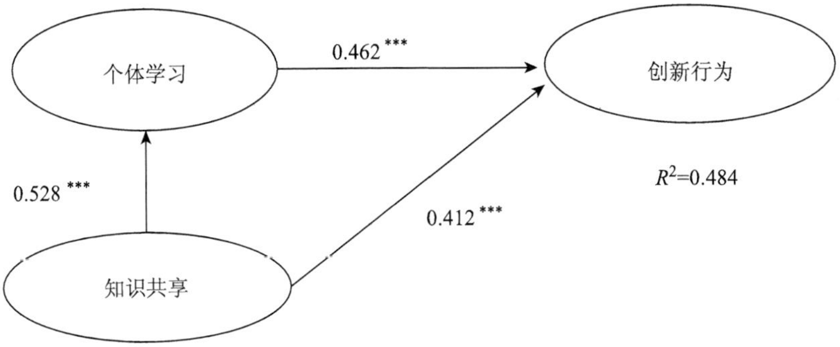

图 4.7 民营 IT 服务企业情境下中介作用的检验结果

针对国有、外资和民营 IT 服务企业中个体学习对知识共享和创新行为的中介作用检验结果表明，在不同组织环境中，个体学习的中介作用有明显的差异。具体在国有 IT 服务企业中，个体学习在知识共享和创新行为中起完全的唯一的中介作用，知识共享只有通过个体学习才能间接地促进创新行为。而在外资和民营企业中，知识共享可以直接促进创新行为，也可以通过个体学习间接地影响创新行为。

4.5 研究结果和讨论

本研究以如何促进 IT 服务企业员工的创新行为作为研究主题，聚焦员工的知识共享和个体学习，探讨如下两个问题：第一，知识共享如何影响员工的创新行为；第二，在三种不同性质的 IT 服务企业中个体学习在知识共享与创新行为关系中所起的中介作用的差异性。

研究结果表明，在三种性质的 IT 服务企业中员工之间的知识共享对个体学习有显著的正向影响，这与过去的研究结果保持一致。

在本研究中，员工的知识共享包含了两个方面，一方面，企业员工主动地分享自己的知识、技能；另一方面，同事向自己分享知识等。员工之间的知识共享可以克服个体知识的局限性，同时也可以使员工更好地理解共享的知识，使员工更好地整合、利用它们以解决 IT 服务项目中的问题。

本书通过对个体学习在知识共享与创新行为之间的中介效应研究，表明个体学习扮演着异常重要的角色，并且在三种不同性质的 IT 服务企业的情境中，个体学习的中介作用不同，知识共享对创新行为的作用机制存在显著差异。

与以往多数研究的结论相同，在外资和民营 IT 服务企业中，知识共享不仅对创新行为有直接的显著影响，同时还通过个体学习对创新行为存在间接的促进作用。

然而，在国有 IT 服务企业中，知识共享对创新行为并没有直接的显著影响，而是完全通过个体学习的中介作用对创新行为产生间接影响。这虽与多数研究结论存在差异，但是也有少数学者发现相似的现象。针对在知识密集型企业，Choi 等人在探索团队的交互记忆系统在知识共享、知识利用中的作用以及它们对团队绩效影响机制的研究中发现，知识共享对团队绩效并没有直接的显著影响，而是被知识利用完全中介。后续的研究学者，如李霞对高校创新型科研团队知识共享行为、学习行为及团队绩效之间关系的研究中也得到类似的结论。

针对我国国有 IT 企业在知识共享和创新行为之间的关系上所表现出的特殊性，本研究做出以下分析。如前文所述，知识共享主要通过以下两个方面促进员工的创新行为：第一，知识共享实现了知识在员工之间的传递，使员工能够获得创新所需要的知识；第二，知识共享促进了员工之间的沟通，有利于员工之间建立良好伙伴关系，进而有利于新想法的顺利实施。然而，受中国传统儒家文化的影响，国有IT服务企业的管理体系和企业文化与外资企业存在很大的差异。国有IT服务企业大多数沿用金字塔式的等级制结构，组织层级划分明确，家长式作风的管理机制，对员工之间的知识交流和沟通合作都有阻碍作用；国有IT服务企业较为标准化的工作内容也使员工主观能动性较差，从而导致了员工之间的知识沟通和交流对于激发员工进一步进行创新活动的作用并不显著。

4.6 管理启示

本研究依据基于过程视角的知识管理理论，将个体学习作为知识共享与创新行为的中介变量，分析在不同性质的IT服务企业中知识共享对创新行为的作用机制，不仅丰富了知识共享与创新行为之间关系的相关理论研究，同时也为企业管理实践提供了一些有价值的启示。

首先，IT服务企业的管理者应当促进企业内部知识共享。例如：在组织结构方面，企业应采用扁平化、网络化的组织结构形式，促进各部门之间信息流通，提高员工隐性知识的共享。企业加强信息技术基础设施建设，构建诸如知识库、知识网等。

其次，IT服务企业的管理者应重视员工个人学习能力的提高。特别是国有IT服务企业的管理者，应重视“knowing-doing gap”对员工创新行为的阻碍作用。企业在投入大量物力和财力以促进知识共享并不一定达到促进员工创新行为的预期效果，企业需要重视培养员工的学习能力。这里的学习不仅仅是“培训”，而是员工对环境的主动适应能力。组织可以通过定期的交流会加速员工经验、知识的流通；在企业中运用“干中学”“干前学”等方式来促进员工学习能力的提高；企业应构建学习型组织，在企业内部为员工构建良好的学习氛围。

4.7 本章小结

随着国内外竞争压力的增大和客户企业需求的转变，创新成为我国 IT 服务企业成长和发展的重要方式和手段。企业员工的创新行为是企业创新的基础，企业的任何创新都离不开员工创新行为。以往研究者对知识共享与员工创新行为之间的关系进行了研究，然而，研究结果却存在差异，部分研究结果表明知识共享对创新行为有显著的促进作用，同时也有学者发现两者之间的关系并不显著。鉴于此，本子研究在第一个子研究结论的基础上，以如何促进 IT 服务企业员工的创新作为研究主题，将个体学习作为知识共享与创新行为的中介变量，分析知识共享对创新行为的作用机制。通过对国有、外资和民营 IT 服务企业的数据进行分析，结果表明，在不同的企业文化和管理体制下，知识共享对创新行为的影响作用不同；同时个体学习对知识共享和创新行为之间的中介作用也存在差异。也就是说，知识共享对创新行为的促进作用受到企业组织环境的影响。

第五章　IT服务企业项目团队中员工个人价值观对创新行为的影响研究

5.1　问题背景

基于国家层面的霍夫斯泰德的文化维度理论帮助人们了解不同的文化价值观和行为规范，为跨文化管理实践提供了工具。然而，文化的差异性并不仅仅存在于国别之间，来自同一个国家的不同人之间同样存在文化差异。个人持有的文化价值观会受到个人所处的组织环境、民族、宗教等不同社交群体的影响。因此，每个人对本国的主体价值观和行为规范的接受程度不同，即每个个体的文化认同（个体对群体的文化的接受程度）不同。

我国IT服务企业的客户群体来自世界不同国家、地区。在IT服务项目完成的过程中会形成来自不同文化种群的成员所组成的合作团队。这使企业员工个人对我国的主体价值观和行为规范的接受程度产生差异，即员工的文化认同产生差异，进而使企业员工个人文化价值观呈现差异性、多样性的特点。例如：相对于其他国家而言，中国人普遍具有高权力距离和高集体主义的文化特质，然而，每个中国人的权力距离导向和集体主义导向并不完全一致。特别地，在IT服务企业这样的多元化文化的环境中，个人文化价值受到环境的影响，导致不同员工对权力的理解和重视程度不同，集体主义倾向程度也不尽相同，既包含一部分尊重传统观念的员工，又存在接受西方文化的员工。

科技的进步与发展是影响 IT 服务企业的硬件条件。例如：通信工具的革命和通信基础设施的改善，使 IT 服务人员可以跨越时间和空间的限制获取知识以实现创新。然而，IT 服务企业中的“软件”问题，特别是文化问题，已成为创新过程中的主要挑战。

国内外学者在文化及文化差异对创新的影响机制方面进行了广泛的研究，但是以往研究大多数是在国家及组织层面进行的（Shane，Taylor，杨建君，等等）。虽然信息技术的发展使企业的知识共享网络让每位员工都可以有效地获得有价值的信息和知识，但企业中存在员工不能有效利用这些知识进行决策的现象。在访谈中我们也发现，面对相同的环境和资源，员工创新的主动性不同。也就是说，从利用国家或组织文化这一宏观的文化现象来解释企业员工个人的创新行为是不准确的。

新想法、新主意的产生源于个人的内在动力，员工的个人特征，例如：性格、认知和文化价值观等影响着其自身的创新行为。这就能够解释在相同的环境下能力相当的两个人为什么一个人比另一个人更具有创新性。创新行为作为个体行为，为避免生态学谬误（Ecological Fallacy），有必要从个人层面研究个人文化价值观对创新行为的影响。

个人行为到底是由内部个人因素决定还是由外部环境因素决定，长期以来存在两种决定论，即个人决定论和环境决定论。个人决定论强调人的心理因素对行为的调节和控制，环境决定论则强调外部环境因素对行为的影响和控制。美国著名的心理学家阿尔伯特·班杜拉在肯定行为主义与社会学习部分观点的基础上，借鉴认知心理学的理论，提出了社会认知理论（Social Cognitive Theory）。他认为个人行为不仅受到自身认知、态度、文化价值观等因素的影响，也会受到所处环境、资源等外部因素的影响。因此，社会认知理论更能够准确地解释不同环境中的个体行为，其已被学者们广泛地运用于多个领域，例如：决策管理、教育、知识管理等。三元交互决定论是社会认知理论体系的基石，认为个人（Person）、环境（Environment）以及行为（Behavior）三者之间是相互影响、相互依赖和相互决定的，如图5.1所示。阿尔伯特·班杜拉以三元交互决定论来解释个人行为。但是，个体、行为、环境三者并非具有相同的影响力，两个方向的影响作用也不一定会同时发生，个人因素和环境因素并非独立存在并对个人行为产生作用，而是行为发生的两个相互依赖的因素。

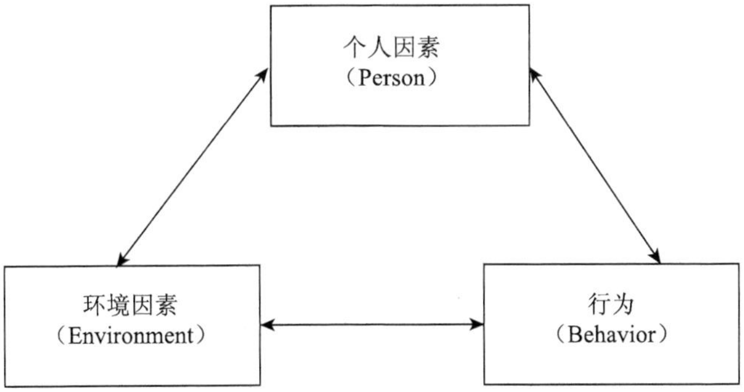

图5.1 三元交互决定论的理论模型

社会认知理论是一个解释个人行为的综合理论框架，为个人创新行为的研究提供了新的视角。本子研究将借助社会心理学领域的社会认知理论作为研究的理论基础。从社会认知理论的观点来看，企业中员工个人创新行为也是通过个人因素与组织环境交互作用而形成。组织环境不仅包含了工作环境等有形的环境，还包含了企业文化、绩效考核制度、领导风格等无形的环境因素。

基于以上的理论和实践背景，本书展开了第三个子研究。在本研究中，将国有、外资和民营 IT 服务企业所呈现的不同的整体组织环境作为影响员工个人创新行为的环境因素。在个人因素方面，以往研究针对信念、动机等因素进行了广泛的研究。针对我国 IT 服务企业中员工个人文化价值观多样性的特性，本研究将个人文化价值观作为个人因素中的关键要素，研究其与组织环境对创新行为的影响机制。

在霍夫斯泰德的五个文化维度中，在权力距离和个人/集体主义这两个维度上，中西方文化的差异较大；与此同时，研究表明，个人的权力距离和个人/集体主义对员工的组织承诺、沟通方式、决策方式等都有较大的影响，而这些方面都与员工的创新行为密切相关。因此，本书将霍夫斯泰德的文化维度理论的五个维度进行聚焦，选择了对员工个人行为影响较大、与实际研究较为密切，同时能体现中西方文化差异的权力距离和个人/集体主义两个维度作为本研究的视角。因此，基于霍夫斯泰德的文化维度理论，在第二个子研究的基础上，本研究将权力距离和个人/集体主义两个文化维度整合到模型中，从个人层面探讨两者对 IT 服务企业员工创新行为的影响机制，深入了解员工创新行为的影响因素及作用机理。

5.2 概念模型和研究假设

在子研究二的基础上，本节将深入分析知识共享、个体学习、个人/集体主义、权力距离和创新行为之间的关系。

1. 知识共享、个体学习和创新行为之间的关系

在上一章本书已经探讨了知识共享、个体学习与员工创新行为的关系。研究表明，知识共享和个体学习正向影响员工创新行为；同时，个体学习在知识共享与创新行为关系中起中介作用，具体见4.4节的论述。然而，为保证本子研究的完整性和严谨性，在此仅对知识共享、个体学习和创新行为之间的关系进行简要的论述。

虽然全球IT服务市场的规模增大，但增长速度趋于平缓，全球金融市场动荡，发达国家也逐渐参与到国际IT服务产业的竞争中，我国IT服务企业面临的竞争异常激烈，创新成为IT服务企业的重要战略。

知识是创新的源泉，没有知识的积累和储备，就没有员工的创新行为。在IT服务产业中，企业的业务种类比较广泛，包括信息技术咨询服务、数据处理、设计与开发服务以及运营服务等。IT服务企业所承接的项目大多数为具有创造性的任务，需要多领域、跨学科的知识来实现创新、完成项目。然而，个人知识的局限性使得创新不仅要依靠自身拥有的知识资源，还需要员工能够迅速地获取关键的、有价值的知识。这种获取所需知识的主要途径就是知识共享。通过知识共享，能够使员工自身的知识特别是隐性知识在团队成员之间有效流动。员工之间知识的沟通与交流行为不仅有利于员工获取创新所需的知识，同时也促进了员工思想的碰撞和交流，建立友好的合作关系，有助于新想法的产生和实施。

然而，整合和利用知识是与知识共享不同的知识进程。若员工只是简单获取他人的知识，而不对获得的知识内化、利用，是并不能对创新行为起到显著的促进作用的。员工只有通过知识共享获得他人的经验、知识后，进一步对其进行转化、整合并利用，才能进

发出更多想法，而这个转化、整合和利用的过程就是员工的个体学习行为。个体学习是员工通过对获取知识技能等的内化、整合和利用，以在不断变化环境中使自己保持良好生存和健康和谐发展的过程。员工通过知识共享获得丰富的、新颖的、异质性知识后，通过个体学习将这些知识与自身原有知识相结合，并进行有效转化和开发将知识和实际应用需要进行匹配，形成新的认知，产生创新行为。因此，本书提出以下假设：

假设 1：在 IT 服务企业的项目团队中，企业员工知识共享对个体学习有显著的正向影响。

假设 2：在 IT 服务企业的项目团队中，企业员工个体学习对创新行为有显著的正向影响。

假设 3：在 IT 服务企业的项目团队中，企业员工知识共享对创新行为有显著的正向影响。

2. 权力距离对个体学习和创新行为关系的调节作用

本研究中，权力距离是指企业员工对上下级之间权力分配不公平的接受程度。具有高水平权力距离导向的员工遵循领导的意见，倾向于与上级形成正式的上下级关系，以上级的命令为工作的中心；相反，具有低水平权力距离导向的员工倾向于认为与上级的地位平等，期望与上级进行交流，具有较强的参与感。

知识是个体创新所依赖的六大资源之一。Amabile 指出，专业知识不仅是创新行为的主要影响因素，也是影响新构想的正确性和适当性重要原因。在 IT 服务企业中，众多项目都是跨学科的，员工需要通过良好的沟通来共享各自拥有的异质性知识。也就是说，在 IT 服务企业中员工之间的沟通很重要。具有高权力距离导向的员工，认同上下级之间的权力差异，等级观念严格，不利于其在不同部门、级别之间的交流。一般而言，高层级的员工拥有较高水平的知识，此时，具有高权力距离的员工不利于高水平知识的获取。另一方面，具有高权力距离导向的员工盲从上级的职权，畏惧提出新想法或建议，不利于员工新想法的产生和实施。因此，具有高权力距离导向的员工，个体学习对创新行为的促进作用会降低。相反，具有低权力距离导向的员工认为上下级是处于平等的地位，上级是“和我一样的人”，敢于与上级进行沟通交流，并积极探索和构思工作中的新方法。同时，高权力距离的员工比低权力距离的员工更依赖上级的命令和上层支持，导致高权力距离的员工创新的态度较为被动、消极。由此推断，当员工的权力距离倾向较高时，个体学习对创新行为的促进作用将会降低。基于此，本书提出以下假设：

假设4：在IT服务企业的项目团队中，员工个人持有的权力距离导向可以调节个体学习对创新行为的影响，即员工的权力距离越低，个体学习对创新行为的正向促进作用越强；反之，员工的权力距离越高，个体学习对创新行为正向促进作用越弱。

3. 个人/集体主义对个体学习和创新行为关系的调节作用

本研究中，个人/集体主义是指企业员工倾向于将自己定义为集体/团队中一员的程度，以及相比于个人利益，集体利益的重要程度。具有个人主义倾向的员工强调独立和自我，喜欢成为唯一，他们更愿意提出独特的想法，或采取新的方式完成工作；具有集体主义导向的员工则注重团队的和谐，渴望得到团队的认同。

多数现有研究表明，集体主义对个人创新有显著的消极作用，具有集体主义导向的员工为避免使自己成为唯一而不愿意提出新想法。但在新经济条件下，市场变化越来越迅速，特别是在IT服务行业，企业的创新项目是多领域的，IT服务企业采用项目团队工作方式应对市场变化。具有集体主义导向的员工希望被团队认同。因此，他们会努力满足上级或同事的需求以获得他们的认可。同时，对于IT服务企业的项目团队而言，创新是团队层面的需求。因此，相比具有个人主义导向的员工，具有集体主义导向的员工为了团队的利益更容易受到团队层面的激励，对“理性”和成本收益分析等的关注度较低。他们更看重团队利益，具有更高的创新行为意向，往往更愿意利用、开发知识，并提出有建设性意见或新办法，具有较强的贯彻执行力，积极参与到创新活动中。相反地，面对IT服务企业项目团队的创新需求，具有个人主义倾向的员工更为关心自身利益（例如：升职、奖励等），若提出新想法并不一定能带来直接利益将导致他们创新的积极性不高。因此，我们提出以下假设：

假设5：在IT服务企业的项目团队中，员工个人持有的个人/集体主义导向可以调节个体学习对创新行为的影响，即员工持有集体主义导向越强时，个体学习对创新行为的正向促进作用越强；反之，员工持有个人主义导向越强时，个体学习对创新行为正向促进作用越弱。

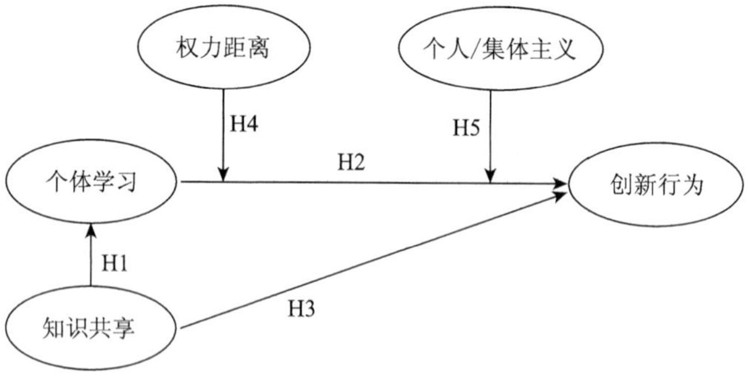

图5.2　权力距离和个人/集体主义的调节作用模型

5.3 研究过程

本子研究涉及知识共享、个体学习、创新行为、权力距离和个人/集体主义五个构念。自变量为知识共享，因变量为创新行为，调节变量为权力距离和个人/集体主义。由于本研究是上一章子研究的深化和延续，故对知识共享、个体学习和创新行为的操作化定义和测量量表详见第 4.3.2 节，此处不再赘述。本节仅对权力距离和个人/集体主义的操作化定义和测量量表进行详细描述。

5.3.1 变量的操作化定义与测量题项

根据第二章对权力距离和个人/集体主义的文献梳理，本研究根据 Srite 和 Karahanna 的研究，定义权力距离为个体对于不公平性和权力差异的接受程度；在企业中，指员工对上级拥有较多权力的接受程度。个人/集体主义是指相比于个人利益，个体认为集体利益的重要性；在企业中，指员工是否将自己定义为集体中的一员。

本研究采用 Srite 和 Karahanna 编制的“权力距离”和“个人/集体主义”问卷。在本研究中，权力距离和个人/集体主义均为反映型构念，分别由 7 个和 6 个题项进行测量。由于原始测量题项为英文，我们采用翻译—回译（Back-Translation）方法，请有英语专业知识或留学经历的国内其他学者共同将英文题项翻译成中文，然后再请两名学者将中文译本回译成英文。而后，与多位精通中英文、深谙中西方文化的实践中的专家对中文问卷题项展开讨论，对题项的内容和语言进行进一步的修订，使该问卷题项符合 IT 服务企业的实际背景并且表述浅显易懂。问卷采用 Likert 五点量表进行测量，以此衡量样本对于各题项的同意程度，1～5 分别代表“强烈不同意”到“强烈同意”。

表 5.1 权力距离和个人/集体主义的操作化定义与测量题项

构　念	操作化定义	测量题项
权力距离	个体对于不公平性和权力差异的接受程度；在企业中，指员工对上级拥有较多权力的接受程度	管理者做大多数决策时不必咨询下属
		因下属可能影响较小，管理者不必向下属征询建议
		决策权应留给公司高管人员，不必授权给低层员工
		员工不应质疑他们的管理者的决策
		管理者应从事困难且重要的工作，把重复性的琐碎的任务授权给下属
		高层管理者应该比低层管理者和专业技术人员获得更多利益和优惠
		管理者应小心别太频繁征求下属的看法，否则会显得软弱无能
个人/集体主义	相比于个人利益，个体认为集体利益的重要性；在企业中，指员工是否将自己定义为集体中的一员	被团队接受成为一员比拥有自主权和独立性更重要
		被团队接受成为一员比独立不受约束更重要
		团队成功比个人成功更重要
		对团队忠诚比个人获利更重要
		鼓励下属忠诚和责任感比鼓励个人首创精神更重要
		个人获得的回报不像团队利益那么重要

5.3.2 数据收集

本研究采用问卷调查的方法收集数据。由于本书中的两个实证研究的研究目的是探索 IT 服务企业中知识共享和个体学习对员工创新行为的影响机制。因此，在采集数据时，两个子研究的调研工作是同时进行的，并且研究所使用的数据是通过一份调查问卷统一收集的。因此，对数据收集的操作过程以及对数据缺失值的处理不再赘述（详见第四章 4.3.2~4.3.4 节的内容）。

5.3.3 描述性统计

本子研究对权力距离和个人/集体主义两个构念的所有测量题项的最大值、最小值、均值、标准差、偏度和峰度等描述统计量进行分析，结果如表 5.2 所示。一般认为，当偏度绝对值小于 3，峰度绝对值小于 10 时，该样本基本上服从正态分布。

表 5.2 权力距离和个人/集体主义测量题项的描述性统计

构念	测量题项	N	最小值	最大值	均值	标准差	偏度		峰度	
		统计量	统计量	统计量	统计量	统计量	统计量	标准误差	统计量	标准误差
个人/集体主义	IC1	444	1	5	3.56	1.027	−0.642	0.116	0.877	0.231
	IC2	443	1	5	3.43	1.005	−0.354	0.116	0.322	0.231
	IC3	442	1	5	3.66	0.983	−0.362	0.116	−0.272	0.232
	IC4	441	1	5	3.67	0.941	−0.585	0.116	0.849	0.232
	IC5	441	1	5	3.22	1.064	−0.141	0.116	−0.480	0.232
	IC6	442	1	5	3.18	1.112	−0.159	0.116	−0.608	0.232
权力距离	PD1	440	1	5	2.54	1.162	0.315	0.116	−0.540	0.232
	PD2	442	1	5	2.33	1.204	0.608	0.116	−0.627	0.232
	PD3	441	1	5	2.71	1.136	−0.067	0.116	−0.966	0.232
	PD4	439	1	5	2.65	1.182	0.220	0.117	−0.909	0.233
	PD5	443	1	5	2.82	1.062	−0.117	0.116	−0.664	0.231
	PD6	443	1	5	2.83	1.124	−0.133	0.116	−0.712	0.231
	PD7	441	1	5	3.05	1.140	−0.324	0.116	−0.751	0.232

5.4 数据分析

本书采用PLS技术的结构方程模型的方法检验测量模型和结构模型。本书利用软件SmartPLS 2.0对总体445份有效样本的数据进行数据分析。

5.4.1 共同方法偏差

为了避免共同方法偏差问题，本研究首先采用了程序控制和统计控制两种途径。在程序控制上，用匿名的方式填写问卷等方法。在统计控制上，本研究采用两种方法进行共同方法偏差估计的分析。首先，采用Harman单因素检验。利用SPSS Statictics 17.0软件对本研究中知识共享、个体学习、创新行为和个人/集体主义以及权力距离的所有测量题项进行探索性因子分析（Exploratory Factor Analysis, EFA)，结果发现第一个主成分的方差解释量为26.22%，不存在单一因子解释大部分方差的现象。其次，采用Liang等人开发的PLS检验方法。结果表明，在共同方法偏差因子的构念上，载荷值都远小于原测量题项在其所对应的构念上的数值，且大多数载荷都不显著。因此，基于以上两种评估方法得出，共同方法偏差对本研究的效度无显著的影响。

5.4.2 测量模型检验

在本子研究中，个体学习、创新行为、知识共享的两子构念（知识贡献和知识收集）以及权力距离和个人/集体主义为反映型构念，知识共享为构成型构念。因此，根据4.3.6节中阐述的检验指标分别对两种测量模型进行检验。

1. 反映型测量模型的信度和效度检验

首先，利用 Cronbach's alpha 和组合信度来检验反映型构念的信度。如表 5.3 所示，个体学习、创新行为、知识贡献、知识收集、权力距离和个人/集体主义的 Cronbach's Alpha 和组合信度的值均大于 0.7，表明构念的信度较好。

表 5.3　信度和聚合效度检验——子研究三

构　念	Cronbach's Alpha	组合信度	AVE
INB	0.8345	0.8831	0.6028
IL	0.8244	0.8691	0.5232
TKC	0.8517	0.9100	0.7714
OKC	0.8668	0.9186	0.7899
PD	0.8715	0.8941	0.5505
IC	0.7875	0.8483	0.5844

注：INB：创新行为；IL：个体学习；TKC：知识贡献；OKC：知识获取；PD：权力距离；IC：个人/集体主义。

结构效度的检验从聚合效度和区分效度两方面来度量。对于聚合效度，要求构念的平均方差萃取值（AVE）大于 0.5。如表 5.3 所示，分析结果表明六个构念的 AVE 值均超过阈值 0.5，表明方差萃取的比例较高，聚合效度较高。

表 5.4　潜在变量间相关系数和 AVE 平方根——子研究三

构　念	INB	IL	TKC	OKC	PD	IC
INB	0.7764	—	—	—	—	—
IL	0.6931	0.7233	—	—	—	—
TKC	0.5285	0.4502	0.8887	—	—	—
OKC	0.5270	0.5201	0.7016	0.8783	—	—

续表

构　念	INB	IL	TKC	OKC	PD	IC
PD	0.1003	0.1544	-0.1653	-0.1059	0.7419	—
IC	0.2674	0.2040	0.1362	0.1922	0.2777	0.7644

注：对角线上的数据表示构念的 AVE 值的算术平方根。

表 5.4 中，对角线上的数值为平均方差萃取值的平方根，显然它们的值大于各构念之间的相关系数，这表明测量模型具有较好的区分效度。在此基础上，本书用交叉因子载荷（Cross Loading）进一步检验测量模型的区分效度。表 5.5 是交叉因子载荷系数表。从表 5.5 中可以看出，每个题项与其潜变量间具有较高的相关系数，并且大于与其他潜变量间的相关系数值，进一步表明该测量模型具有良好的区分效度。

表 5.5　交叉因子载荷——子研究三

	IL	INB	TKC	OKC	PD	IC
IL1	0.7073	0.4986	0.2628	0.2773	0.1525	0.1177
IL2	0.7383	0.5082	0.1949	0.2789	0.127	0.1431
IL3	0.7084	0.5462	0.2879	0.2998	0.0663	0.1004
IL4	0.726	0.4902	0.4038	0.4541	0.0763	0.1633
IL5	0.6996	0.4212	0.3236	0.3076	0.2394	0.1879
IL6	0.6627	0.4536	0.2511	0.3341	0.0536	0.1431
IL7	0.6393	0.4562	0.4319	0.5361	0.0618	0.1421
INB1	0.4937	0.7304	0.5778	0.5338	-0.0586	0.1998
INB2	0.5718	0.8064	0.4923	0.4849	-0.0352	0.1983
INB3	0.5721	0.8511	0.4658	0.4409	0.0677	0.2021
INB4	0.5127	0.7214	0.2214	0.2363	0.2701	0.2143
INB5	0.538	0.7651	0.2382	0.3063	0.1992	0.2296
TKC1	0.3559	0.4365	0.85	0.5396	-0.1863	0.0055

续表

TKC2	0.411	0.4833	0.8952	0.6587	-0.179	0.143
TKC3	0.4163	0.471	0.8889	0.6441	-0.0741	0.1994
OKC1	0.474	0.4816	0.6078	0.8637	-0.0821	0.1968
OKC2	0.4513	0.4557	0.6366	0.9044	-0.1237	0.1565
OKC3	0.4621	0.4686	0.626	0.8977	-0.0759	0.1604
PD1	0.09	0.0556	-0.1573	-0.0801	0.7512	0.3545
PD2	0.0786	0.0438	-0.1965	-0.1035	0.7475	0.1553
PD3	0.1034	0.0595	-0.129	-0.0774	0.7778	0.1208
PD4	0.188	0.1272	-0.1417	-0.0912	0.8892	0.2519
PD5	0.0779	0.0626	-0.0844	-0.1046	0.6954	0.1438
PD6	0.1035	0.0599	-0.0785	-0.0371	0.7295	0.2409
PD7	0.0745	0.0004	-0.1717	-0.1541	0.5647	0.1625
IC1	0.1076	0.1623	0.1353	0.1276	0.1604	0.6969
IC2	0.085	0.1398	0.0804	0.1183	0.1859	0.6985
IC3	0.1749	0.2087	0.182	0.2328	-0.0301	0.6788
IC4	0.1963	0.2039	0.1265	0.1918	0.1371	0.7834
IC5	0.1478	0.2288	0.0745	0.1157	0.289	0.7266
IC6	0.1078	0.1399	-0.0763	-0.0395	0.5069	0.575

2. 构成型测量模型的信度和效度检验

本研究依据第四章4.3.6节中对构成型构念的信度和效度检验的方法和指标，对知识共享进行检验。知识共享两个子构念，知识贡献和知识收集的方差膨胀因子VIF值均小于3.3，表明量表的信度较好。对于效度的检验，本研究采用主成分分析法对子构念的权重进行检验。结果表明，知识贡献和知识收集的权重达到0.05的显著水平，具有较好的效度。

表 5.6　构成型构念的信度和效度检验——子研究三

构　念	VIF 值	权　重
OKC	1.963	0.527***
TKC	1.963	0.557***

注：显著水平：$*p < 0.05$，$**p < 0.01$，$***p < 0.001$。

5.4.3　相关性分析

本研究利用 SPSS Statictics 17.0 对知识收集和知识贡献、个体学习、创新行为、权力距离和个人/集体主义进行相关性分析，结果如表 5.7 所示。

表 5.7　各个变量之间相关分析

	知识收集	知识贡献	个体学习	创新行为	权力距离
知识贡献	0.700**				
个体学习	0.505**	0.437**			
创新行为	0.518**	0.516**	0.690**		
权力距离	-0.119*	-0.181**	0.145**	0.102*	
个人/集体主义	0.186**	0.129**	0.197*	0.261**	0.401**

注：**表示相关系数在 0.01 水平上显著（双尾检验），*表示相关系数在 0.05 水平上显著（双尾检验）。

从表 5.7 可见，权力距离与知识收集和知识贡献都存在显著的负相关关系，且相较之下，权力距离与知识贡献之间的负相关关系更强。创新行为与个人/集体主义之间的相关性也明显高于其与权力距离的相关性。

5.4.4　结构模型检验

在上述测量模型检验的基础上，本研究接下来利用 SmartPLS

2.0进行结构模型检验，以验证假设是否成立以及评价模型的解释能力。在SmartPLS 2.0中，通过构建交互作用变量来测验调节作用（Moderating Effect）。根据Chin对中心化和标准化的论述，本书中的个体学习、权力距离和个人/集体主义是反映型，因此，在建立交互作用变量时先对预测变量（Predictor Variable）和调节变量（Moderator Variable）的测量题项进行标准化。本书用PD□IL表示由权力距离与个体学习构成的交互作用变量，IC□IL则表示由集体主义与个体学习构成的交互作用变量。

本书通过比较不含调节变量的概念模型（Main Model）的R^2和含有调节变量的结构模型（Interaction Model）的R^2来度量调节作用的大小。R^2差别的大小利用效应量（Effect Size）f^2来评估。

其中，$f^2=\dfrac{R^2(\text{interaction model})-R^2(main\ \text{model})}{1-R^2(main\ \text{model})}$。

当$f^2<0.02$时，表明调节作用不明显，可以不与考虑；当$0.02\leqslant f^2<0.15$时，表明该调节变量对预测变量的调节作用一般；当$0.15\leqslant f^2<0.35$时，表明调节作用中等；当时$f^2\geqslant 0.35$时，表明其调节作用很强。但f^2的值较小并不表示调节作用不重要，在极端的情况下其调节作用是不容忽视的，特别是当系数改变的影响较大时，这个调节作用应被管理者所重视。

在第二个子研究中，本书关注到我国不同性质的IT服务企业在管理机制和文化氛围等方面存在的不同，分别对国有IT服务企业、外资IT服务企业和民营IT服务企业进行数据分析。结果表明，在三种不同性质的IT服务企业中，个体学习对知识共享和创新行为的中介作用存在差异。因此，以权变的眼光看待管理体制和企业文化等情境因素对员工的创新行为的影响是非常重要的。因此，与第二子研究相同，本子研究也对三种不同性质的 IT 服务企业分别进行数据分析，以期更加准确地了解企业员工权力距离和个人/集体主义对创新行为的影响作用。因此，该概念模型检验包含了四个部分，一部分为利用 IT 服务企业的整体数据进行检验，另外三个部分分别为利用国有、外资和民营 IT 服务企业的数据进行检验。

1. 不区分企业性质

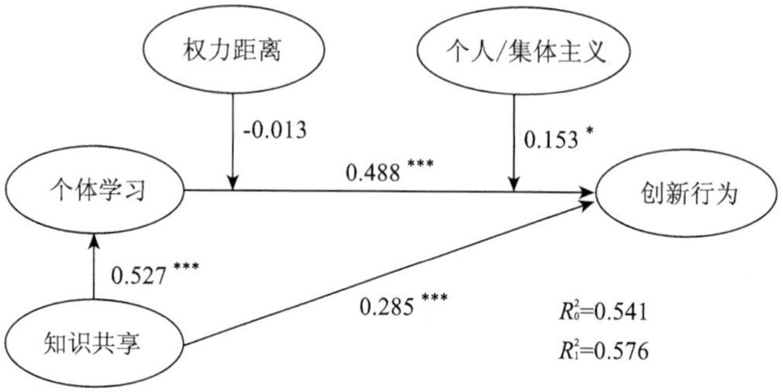

图 5.3　不区分企业性质情境下结构模型检验结果

在不区分企业性质的情况下，结构模型的检验结果如图 5.3 所示，其中，R_0^2 和 R_1^2 分别表示为不含有调节变量和含有调节变量时概念模型对创新行为的解释方差。由图 5.3 可知，研究模型加入调节变量后，研究模型解释了员工创新行为的 57.6%的方差，高于未加调节变量的情况。员工知识共享对个体学习和创新行为有显著的正向影响，假设 1 和假设 3 成立；个体学习对创新行为有显著的正向影响，支持假设 2；权力距离的调节作用的路径系数为-0.013，与过去关于权力距离和创新行为的关系研究结果不一致，员工个人的权力距离导向对个体学习与创新行为之间关系存在不显著的负向调节作用，假设 4 不成立；个人/集体主义的调节作用的路径系数为

0.153，即集体主义增加一个单位时，个体学习对创新行为的影响由 0.488 增加到 0.641，假设 5 得到支持。个人/集体主义的 f^2 为 0.072（$f^2=\frac{0.574-0.541}{1-0.541}$），调节作用一般。总体而言，检验结果表明，对于我国 IT 服务企业整体来说，员工的创新行为与员工知识共享和个体学习显著相关；同时，员工的集体主义导向越高，个体学习对创新行为的正向关系越强。

2. 国有 IT 服务企业

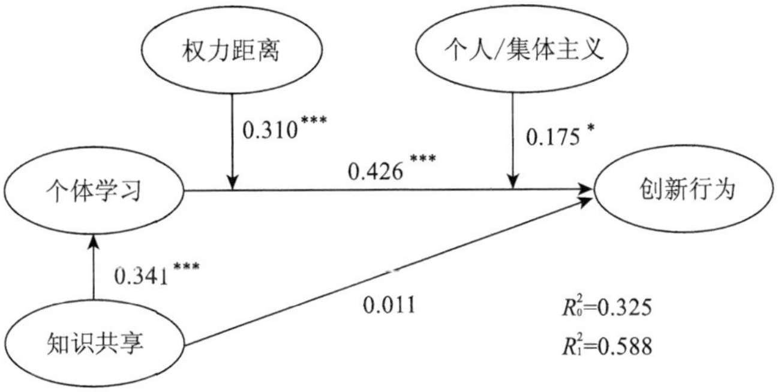

图 5.4 国有 IT 服务企业情境下结构模型检验结果

由图 5.4 可知，在国有 IT 服务企业中，研究模型加入调节变量后，研究模型解释了员工创新行为的 58.8%的方差，高于未加调节变量时的 26.3%。在国有 IT 服务企业中，员工的知识共享行为显著影响个体学习，而对创新行为的影响并不显著，假设 1 得到支持，假设 3 不成立。与假设 4 相反，权力距离的调节作用的路径系数为 0.310，即员工的权力距离增加一个单位时，个体学习对创新行为的影响由 0.426 增加到 0.736，假设 4 不成立。个人/集体主义的调节作用的路径系数为 0.175，即集体主义增加一个单位时，个体学习对创新行为的影响由 0.426 增加到 0.601，假设 5 得到支持。在国有 IT

服务企业中，员工的权力距离显著地正向调节个体学习和创新行为之间的关系，权力距离的 f^2 为 0.299（$f^2=\frac{0.527-0.325}{1-0.325}$），调节作用中等；员工个人的集体主义导向对个体学习与创新行为之间关系的正向调节作用显著，个人/集体主义的 f^2 为 0.264（$f^2=\frac{0.503-0.325}{1-0.325}$），调节作用中等。总之，在国有 IT 服务企业中，员工的知识共享通过个体学习间接影响创新行为，员工的权力距离导向和集体主义导向越高，个体学习对创新行为的正向关系越强。

3. 外资 IT 服务企业

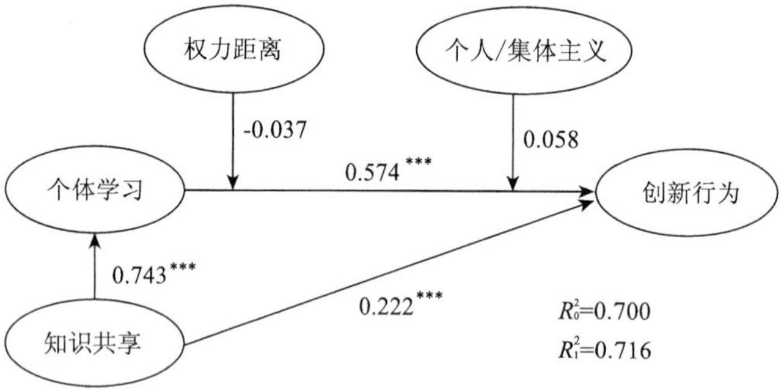

图 5.5 外资 IT 服务企业情境下结构模型检验结果

由图 5.5 可知，在外资 IT 服务企业中，研究模型加入调节变量后，研究模型解释了员工创新行为的 71.6%的方差，略高于未加调节变量时的解释量。员工知识共享对个体学习和创新行为都有显著正向影响，假设 1 和假设 3 成立；个体学习对创新行为有显著的正向影响，支持假设 2。然而，权力距离和个人/集体主义调节作用的路径系数分别为-0.037 和 0.058，两者对个体学习与创新行为之间关系的调节作用都不显著，假设 4 和假设 5 均不成立。

4. 民营 IT 服务企业

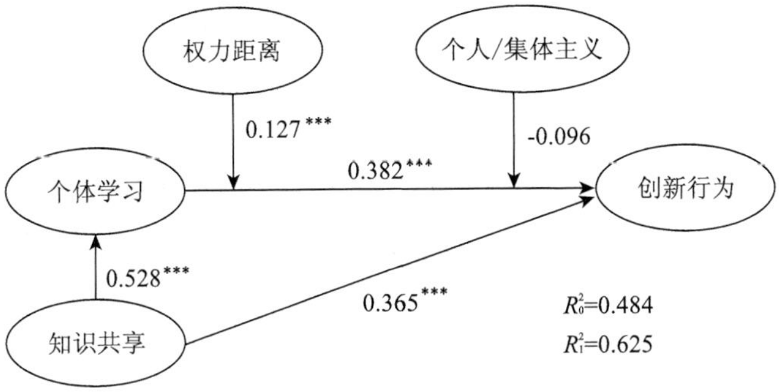

图 5.6 民营 IT 服务企业情境下结构模型检验结果

由图 5.6 可知，在民营 IT 服务企业中，研究模型加入调节变量后，研究模型解释了员工创新行为的 62.5%的方差，相比未加调节变量时增加了 14.1%。民营 IT 服务企业中，与外资企业相同，假设 1、假设 2 和假设 3 成立。权力距离的调节作用的路径系数为 0.127，即权力距离增加一个单位时，个体学习对创新行为的影响由 0.382 增加到 0.509，这表明在民营 IT 服务企业中员工的权力距离倾向越高，个体学习对创新行为的正向关系越强，假设 4 不成立。员工的权力距离正向调节个体学习和创新行为之间的关系，其 f^2 为 0.229 （$f^2=\frac{0.602-0.484}{1-0.484}$），调节作用中等。员工的个人/集体主义对个体学习与创新行为之间关系存在不显著的负相关关系，假设 5 不成立。

5.5 研究结果和讨论

在第四章中，本书分析了知识共享、个体学习与员工创新行为的关系，研究表明，在不同性质的 IT 服务企业中，个体学习的中介作用存在差异性。在此基础上，本子研究基于霍夫斯泰德的文化维度理论，将权力距离和个人/集体主义两个文化维度整合到模型中，从个体因素与组织情境因素两者共同作用为视角，探索在不同性质的 IT 服务企业中员工个人的权力距离和个人/集体主义对创新行为的影响作用，深入了解员工创新行为的影响因素及作用原理。结合本章前文对研究假设数据分析结果，现将假设检验情况进行汇总如表 5.8 所示。

表 5.8 研究假设检验结果汇总

假　设	变量间关系	整体行业	国有企业	外资企业	民营企业
H1	KS→IL	支持 0.527 ***	支持 0.341 ***	支持 0.743 ***	支持 0.528 ***
H2	IL→INB	支持 0.488 ***	支持 0.426 ***	支持 0.574 ***	支持 0.382 ***
H3	KS→INB	支持 0.285 ***	不支持 0.011	支持 0.222 ***	支持 0.365 ***
H4	PD * IL→INB	不支持 -0.013	支持 0.310 ***	不支持 -0.037	支持 0.127 **
H5	IC * IL→INB	支持 0.153 *	支持 0.175 *	不支持 0.058	不支持 -0.096

1. 知识共享、个体学习和创新行为之间的关系

知识共享、个体学习和创新行为之间的关系在上一章本书已经进行了详细的分析和论述（详见 4.5 节），本子研究的结论与其保持一致，因此，在此只做简要的论述。本研究表明，在 IT 服务企业中，员工的个体学习对创新行为有显著的正向影响作用，知识共享则对个体学习存在显著的促进作用。这一研究结果与相关领域的研究结果一致，例如：曹勇和向阳，Leonardi，Vance，等等。然而，

对于知识共享与创新行为之间关系的研究在不同性质的IT服务企业中存在差别。具体而言，在国有IT服务企业中，知识共享对创新行为的影响并不显著；在外资和民营IT服务企业中，知识共享对创新行为存在显著的促进作用。由此可见，知识共享对创新行为的促进作用受到企业组织环境的影响。

2. 权力距离的调节作用

实证研究结论表明，假设4“在IT服务企业的项目团队中，员工个人持有的权力距离导向可以调节个体学习对创新行为的影响，即员工的权力距离越低，个体学习对创新行为的正向促进作用越强；反之，员工的权力距离越高，个体学习对创新行为正向促进作用越弱。”具体而言，在国有和民营IT服务企业的情境中，分析结果与假设相反，权力距离存在正向的调节作用，即员工的权力距离导向越高，个体学习对创新行为的正向关系越强；在外资IT服务企业中，该负向调节作用也不显著。

也就是说，在不同性质的IT服务企业中，员工个人的权力距离对个体学习和创新行为之间关系的调节作用的方向及显著性都存在差异。依据社会认知理论，员工个人的创新行为是个人文化价值观（个人因素）与企业的组织环境（环境因素）相互作用的结果。在不同性质的IT服务企业中，权力距离调节作用的差异主要源于企业组织环境的差异。

在外资IT服务企业中，权力距离的负向调节作用并不显著。自霍夫斯泰德提出权力距离的概念以来，众多管理学领域的研究者在西方情境中就权力距离对创新及创新行为影响展开研究，研究结果表明，权力距离对创新行为产生显著的负向作用。这与本书在外资IT服务企业情境中的研究结论基本一致，只是在本研究中该负向调节作用并不显著。对此，本书从我国外资 IT 服务企业的组织环境特点出发做出如下解释。首先，外资 IT 服务企业进入中国后，必然面临着与母国不同的经济体制、政治环境和文化习惯，要想在中国市场长远持续发展，就必须采用本土化策略。此时，外资 IT 服务企业在提倡公平、平等和员工参与决策的同时，企业存在严格的绩效评估体系和淘汰体系，这将激发高权力距离的员工的创新积极性。另外，在外资 IT 服务企业中，创新需求来自于上级。Hofstede 指出，高权力的员工畏惧于向上级提出新想法，不利于员工自身的创新行为的产生。然而，当上级对他们有创新要求时，这种情形就会发生改变，他们会努力满足上级的创新需求。因此，员工的权力距离的负向调节作用不显著。

在国有和民营 IT 服务企业的情境中，权力距离存在正向的调节作用。虽然，众多研究表明，对于高权力距离的员工而言，他们的等级观念严格，不利于其在不同部门、级别之间的交流，进而阻碍了创新行为。但当考虑一些情景因素时，权力距离对个人创新的消极作用将会发生变化。受中国传统儒家文化的影响，国有和民营 IT 服务企业的管理体系和企业文化与西方外资企业存在很大的差异。国有 IT 服务企业大多沿用金字塔式的等级制结构，民营企业的家族文化较为明显，企业文化均表现为高权力距离导向。在此情境下，高权力距离导向的员工接受并认同上级管理者与下属之间的权力的不平等性，受上级管理者的想法和思路的影响极大。对于上级管理者分配的创新项目，创新是高层级管理者的要求，高权力距离的员工将比低权力距离的员工展现出更高的创新主动性。此时，对于高层级的管理者提出的决策和指示，高权力距离员工为获得上级管理者的认同会积极贯彻执行。因此，在国有和民营 IT 服务企业的情境中，权力距离存在正向的调节作用。

3. 个人/集体主义的调节作用

本研究的分析结论表明，假设5“在IT服务企业的项目团队中，员工个人持有的个人/集体主义导向可以调节个体学习对创新行为的影响，即员工持有集体主义导向越强时，个体学习对创新行为的正向促进作用越强；反之，员工持有个人主义导向越强时，个体学习对创新行为正向促进作用越弱”在我国国有IT服务企业的情境中成立。尽管以往有研究指出个人主义与创新存在正相关关系，例如：Shane通过对33个不同国家的文化与创新的关系进行研究，结果表明，崇尚个人主义文化的社会具有较高的创新性；Kaasa等人在组织层面研究企业文化对技术创新的影响，表明个人主义文化有利于技术创新。然而，中日韩等传统集体主义国家的经济崛起表明，集体主义对创新的作用并不一定是消极的，很有可能在一定环境因素下产生积极影响。在新经济条件下，随着市场变化越来越迅速，IT服务企业采用团队工作方式应对市场变化，以便做出及时、准确的反应。在此背景下，团队中每个员工之间的互动频繁，项目的完成需要团队中各个员工（需求分析师、架构师、软件工程师等）的通力合作。此时，高集体主义的员工比高个人主义的员工更重视团队的集体目标，更倾向于与团队其他员工合作。Christopher Earley通过对中国、以色列和美国被调查者的实验研究发现，在团队工作的方式背景下，集体主义导向员工的工作绩效比个人主义导向员工高。

然而，在民营IT服务企业中，员工的集体主义存在负向的调节作用，即集体主义导向越高，个体学习对创新行为的正向关系越弱。作为中国本土的民营企业，企业所有者需要自负盈亏。同时，民营企业规模相对较小，不像国有企业或外资企业拥有丰富良好的资源网络（如财务支持、技术支持等）。面对剧烈的生存和竞争压力，民营 IT 服务企业为追求利润最大化，重视员工个人的工作绩效，以结果为导向，要求员工高强度地工作。这些造成了民营 IT 服务企业中员工的组织承诺水平较低。Meyer 和 Allen 将组织承诺划分为持续承诺、情感承诺和规范承诺。其中，持续承诺是指员工对离开企业所带来的损失的认知；情感承诺是指员工对企业的情感依赖和认同；规范承诺是指是个体知觉到的对企业应当承担的责任和义务。研究表明，在民营企业中，员工对企业的情感承诺较低，组织认同不高。创新行为是一种组织公民行为，较低的情感承诺致使高集体主义倾向的员工利用知识进行创新的主动性不高。

与权力距离的调节作用相似，在我国外资 IT 服务企业的情境中，个人/集体主义的正向调节作用并不显著。由于外资企业的本土化策略，但是企业的核心的管理机制和企业文化仍然受母国文化影响，企业存在严格的员工个人绩效评估体系和淘汰体系。这种基于个人的绩效评估机制和淘汰机制，与高集体主义导员工追求内部和谐的价值观不符，进而削弱其心目中的集体概念，从而降低他们为团队利益提出有潜在价值的新想法的积极性。

5.6 管理启示

本书通过对不同性质的 IT 服务企业进行数据分析发现，在不同性质的 IT 服务企业中，员工个人的权力距离和个人/集体主义对个体学习和创新行为之间关系的调节作用的方向及显著性都存在差异。因此，在管理实践中，要根据 IT 服务企业所处的环境和内部条件的发展变化随机应变，企业可以根据自身企业的属性、文化特点和领导个人价值观区别对待这一调节因素。例如：在外资 IT 服务企业中，企业管理者应该重视员工权力距离的负向调节作用，采用扁平或网络的组织结构，使组织内部信息的传播方向由垂直型流动向水平型流动和网络型流动转变，降低高权力距离员工的沟通障碍。同时，管理者应采取措施提高员工的集体主义导向的正向调节作用。IT 服务项目中的个人创新离不开团队其他成员的合作和参与，在激励机制方面，也应该采取基于团队的物质激励分配，进一步提高个体的集体意识，促进团队员工之间的合作，提高个人创新；在组织文化方面，可建立一种以讲求效率、工作导向为目标同时重视友好的企业文化，培养和加强员工的集体主义观念。

5.7 本章小结

针对我国 IT 服务企业中员工个人文化价值观多样化、差异化的现状，在第二个子研究的基础上，本子研究将权力距离和个人/集体主义两个文化维度作为调节变量，从个人层面探讨两者对 IT 服务企业员工的创新行为的影响机制。通过对国有、外资和民营 IT 服务企业的数据分析，结果表明，在不同的企业文化和管理体制下，权力距离和个人/集体主义对个体学习和创新行为之间关系的调节作用存在差异，也反映出不区分 IT 服务企业的性质进行探索研究所得的结论并不准确。因此，本子研究的研究结论能够为不同性质的 IT 服务企业的管理者针对如何提高员工的创新行为提供更为准确的、更有针对性的决策建议。

第六章　结论与展望

6.1　主要研究结论

本书基于中国 IT 服务企业的现状以及对相关理论和文献的梳理，以个体学习和知识共享为切入点，分别从团队层面和个人层面针对企业的项目团队结构和员工创新行为开展了三个子研究，分别为考虑沟通成本和学习成本的 IT 服务企业项目团队结构研究、IT 服务企业项目团队中个体学习、知识共享对创新行为的影响研究、IT 服务企业项目团队中员工个人文化价值观对创新行为的影响研究，通过数学建模和实证研究的方法，得出如下主要结论。

6.1.1　创新难度系数、沟通成本、学习成本与项目团队结构

IT 服务企业客户需求的创新难易程度直接影响项目团队整体知识水平的高低和人员分布情况，进而影响项目的总体劳动力成本。基于知识位势相关理论，本书将团队结构看作基于知识的层级结构，以团队中各层级的知识分布（z_i）和人员分布（s_i）来刻画团队结构，将创新难度系数、沟通成本和学习成本作为主要变量构建数学模型，最终得出特定创新难度系数下的项目团队的最优团队结构。

（1）当员工单位知识的市场价值为定值时，不同创新难度系数下最优的团队结构具有以下三个共性：第一，最优团队结构在基于知识层级结构上应呈现金字塔形；第二，每层级员工的管理幅度是定值；第三，项目团队中0层员工的知识集合影响着中、高层级员工的知识集合和每层级员工的管理幅度。

通过进一步分析创新难度系数的影响作用发现，随着IT服务企业承接项目的创新难度系数的增大，最优团队结构中所有层级的知识集合均扩大，同时管理幅度增大。也就是说，当IT服务企业要承接创新难度系数较高的项目时，单单依靠中、高级技能员工是不行的，初级员工也是非常重要的，他们的知识集合是团队知识库的基础，决定着团队高层级员工的知识集合和管理幅度，影响着创新项目的总体劳动力成本。基于此，IT服务企业应该对企业的所有员工进行人力资本投资，而不是将全部资源向中、高技能员工倾斜，应当重视各部的初级员工，尤其重视对他们的专业培训，以提高他们的专业技能。

同时，本研究表明，IT服务企业员工的学习成本和沟通成本对团队结构存在影响，即当学习成本降低时，团队中员工的管理幅度增大，团队中所有层级的知识集合扩大；当沟通成本降低时，团队中员工的管理幅度增大，0层员工的知识集合缩小，其他层级的知识集合扩大。不难发现，扩大0层员工的知识集合的唯一途径是提高学习能力，降低学习成本。也就是说，IT服务企业单独依靠提高沟通效率是不能提高企业承接创新难度较大项目的能力，提高学习能力成为企业提高承接创新难度较大项目能力的必要途径。

（2）当员工单位知识的市场价值与所在层级相关时，随着IT服务企业承接项目的创新难度系数k增大，最优团队的层级数也增大，完成项目的总成本增加。同时，当IT服务创新项目的创新难度系数、沟通成本和学习成本都相同时，本研究利用算例，将员工单位知识的市场价值与层级相关时的最优团队结构与员工单位知识的市场价值为定值的情况下最优团队结构进行对比，结果发现，两种情况下团队的人员分布和知识分布存在很大的差异。

6.1.2 个体学习、知识共享与创新行为

创新行为的相关研究表明，员工的创新行为受到组织环境的影响。鉴于中国情境下不同性质的IT服务企业的组织环境存在较大的差异，本研究将不同性质的IT服务企业作为一个整体的组织环境因素，探索在不同组织环境中个体学习、知识共享对创新行为的影响机理。

组织学习领域的相关研究表明，组织学习能够促进企业创新和员工的创新行为。本研究从个体层面也证实了这一论点，研究结果表明，在不同性质的IT服务企业中员工个人的个体学习会正向影响员工的创新行为。

另外，本研究结果表明，在三种不同性质的IT服务企业中，知识共享对创新行为的影响方式不同，个体学习在知识共享与创新行为之间关系的中介作用存在显著差异。具体来说，在国有IT服务企业中，知识共享对创新行为并没有直接的显著影响，而是通过个体学习对创新行为产生间接影响，个体学习在知识共享和创新行为之间起唯一的中介作用；在外资和民营IT服务企业中，知识共享不仅对创新行为有直接的显著影响，而且还通过个体学习对创新行为有间接的影响作用。

6.1.3 权力距离、个人/集体主义与创新行为

依据社会认知理论，个人行为是由个体因素和环境因素决定的。在IT服务企业中，员工的个人文化价值观呈现多元化、差异化。鉴于此，本研究将个人文化价值观作为主要的个体因素，研究在不同性质的IT服务企业中，员工个人的权力距离和个人/集体主义对创新行为的影响作用。

研究结果表明，在不同性质的IT服务企业中，员工个人的权力距离和个人/集体主义对个体学习和创新行为之间关系的调节作用的方向及显著性都存在差异。对权力距离而言，在国有和民营IT服务企业的情境中，权力距离对个体学习和创新行为之间的关系存在正向的调节作用；在外资IT服务企业中，权力距离对个体学习和创新行为之间关系的调节作用是负向的，但是并不显著。对于个人/集体主义而言，尽管以往研究表明个人主义与创新存在正相关关系，但是在国有IT服务企业的情境中，员工的集体主义导向越强时，个体学习对创新行为的正向关系越强；在民营和外资IT服务企业中，该调节作用并不显著。

6.2 主要创新点

与以往研究相比，本研究具有的创新点有：

（1）在IT服务企业的项目团队中，通过知识共享和个体学习来实现团队成员之间的知识流通和整合，两者是影响项目实现的重要因素。本研究利用沟通成本和学习成本来衡量知识共享效率和学习能力，建立了使企业项目期望利润最大化的模型，通过对模型的数

学解析分析，得出了不同创新难度系数下团队的最优结构，并分析了沟通成本、学习成本和创新难度系数对团队结构的影响。

通过对以往研究成果进行分析发现，以往对团队结构或是团队组建方面的研究主要集中在个人特性、任务特征等方面，而以知识共享和个体学习为切入点的研究较少。本研究依据知识位势相关理论，将团队结构看作基于知识的层级结构，层级越高其知识深度越高，能解决的问题就越独特。在此基础上，本书对创新项目的实现过程进行了描述，以沟通成本和学习成本为主要变量，构建项目期望利润最大化的优化模型。通过对模型的求解和分析，进一步了解沟通成本和学习成本对团队结构的影响机制。

（2）将不同性质的 IT 服务企业作为一个整体的组织情境因素，探索了不同性质的 IT 服务企业中个体学习对知识共享和创新行为之间关系的中介作用，发掘了知识共享对创新行为影响机制。

本书在对员工个人创新行为进行研究时发现，以往部分研究论证了知识共享对创新行为的促进作用，但也有学者（Pfeffer 等，Majchrzak 等，Wang 等）发现该促进作用有时并不显著。由于个人行为受到环境的影响，我国 IT 服务企业中三种性质的企业在整体组织环境上存在很大的差异。本研究将不同性质的 IT 服务企业作为一个整体的组织情境因素，补充了过去研究的不足，同时也进一步深化了学界对不同情境下个体学习、知识共享对创新行为的不同影响机制的理解。

（3）从个体层面探索了个人的权力距离和个人/集体主义两个文化维度在不同性质的 IT 服务企业中对创新行为的影响机制。

本研究针对 IT 服务企业中员工在权力距离和个人/集体主义维度上个人价值观的差异性的现象，研究了两者对员工个人创新行为的影响作用，扩展了创新行为在个体因素方面的相关研究。以往基于文化视角对创新或创新行为的研究主要集中在国家或组织层面，鲜有学者关注在个人层面的文化价值观。然而员工创新行为是基于个体层面的概念，从国家或组织层面的研究并不能解释同一企业中员工在创新行为上表现的差异性。本研究从个体层面探索了个人的权力距离和个人/集体主义对创新行为的影响作用，一方面，扩展了现有的创新行为的相关研究，进一步加深了个人特性对创新行为影响机理的理解；另一方面，为未来创新行为研究提供了新的思路。

6.3 管理启示

基于本书的三个子研究结果，我们对于我国 IT 服务企业的管理者有以下四个方面的管理建议。

6.3.1 优化 IT 服务企业的人力资源配置

首先，作为知识密集型企业，IT 服务企业的人力资源是企业各项资源中最关键的资源。企业管理者应该根据本企业的综合实力及市场定位，对企业的人力资源进行合理的人力资源规划，特别是高技能员工的数量和质量的规划。

其次，技术进步的技能偏向（Skill-Biased）特点使 IT 服务企业对高技能员工的需求大量增加。企业的人力资本投资也随之表现出显著的不平衡性，技能等级越高的员工获得的人力资本投资越多。然而，本研究的研究结果表明，初级员工的知识集合是团队知识库的基础，它决定着团队中高技能员工的知识集合和管理管理幅度，影响着创新项目的总体劳动力成本。因此，IT 服务企业应当重视各部的初级员工，重视对他们的专业培训，提高他们的专业技能。

6.3.2 提高企业的知识共享效率

本书通过对沟通成本对团队结构的影响研究以及知识共享对创新行为的影响研究充分说明知识共享效率在 IT 服务企业中的重要性。

首先，IT 服务企业应该构建和完善企业的知识管理信息系统，建立知识库等，同时，构建畅通的沟通渠道，使知识能有效地在部门之间、成员之间进行交流和共享。其次，在 IT 服务企业中，员工的隐性知识是企业的重要资源，管理者可以通过团队会议这样的正式渠道或是午餐会等非正式的途径，增进企业员工之间的沟通和交流。再次，在组织设计上应有利于信息、知识的交流，构建具有灵活性、适应性和自主性的柔性化组织结构。

6.3.3 重视员工个体学习能力的提高

本研究首先利用数学建模的方法，发现 IT 服务企业要提高其承接创新难度较大项目能力的必要途径是提高学习能力，降低学习成本。而后，本研究又通过实证研究证实了在不同性质的 IT 服务企业中员工的个体学习中介了知识共享和创新行为之间的关系。总之，员工的学习能力直接关系企业的创新能力。

个体学习是组织学习的基础。个人层面学习能力的提升上升到企业群组层面也就意味着企业组织学习能力的提升。因此，企业应增加在教育和培训方面的投入，招聘知识和经验丰富的人才；倡导和鼓励员工相互沟通、交流和相互学习，促进知识和经验在企业内流动。其次，企业应该认识到组织学习的重要性，通过培养学习精神、制定学习机制、明确学习过程等推动企业建成学习型组织；第三，企业应强化以知识为导向的企业文化价值体系，重视和支持员工的知识共享、学习和创造，最终使企业员工的知识存量在沟通和学习过程中得以扩大。

6.3.4 区别对待员工个人价值观的作用

本研究证实个体行为是由环境因素和个人因素所决定。通过对不同性质的IT服务企业进行数据分析发现，不同性质的IT服务企业中，员工个人的权力距离和个人/集体主义对创新行为的影响方向及显著性都存在差异。因此，在管理实践中，企业要根据组织所处的环境和内部条件的发展变化随机应变，区别对待员工个人价值观的调节作用。

在国有和民营IT服务企业中，管理者应有效地利用高权力距离对个体学习和创新行为之间关系的正向调节作用，最大限度地促进员工的创新行为。虽然在民营IT服务企业中，员工个人的集体主义观念对创新行为有负向但不显著的调节作用，但是，随着IT服务行业竞争的日益激烈以及客户需求的多样化，IT服务企业要实现创新必然需要员工之间的合作，而集体主义更有利于合作创新。因此，对于民营企业而言也应改变企业管理策略，正确引导企业文化和个人文化，以促进员工的创新行为。在国有和民营IT服务企业中，管理者可以采取以下策略：在激励机制方面，企业应实施基于团队的物质激励分配，团队中各个员工之间的物质激励差距不大，使员工有家的感受，进一步提高个体的集体意识和内在动力，进而激发个人创新行为；在竞争机制方面，企业应采用团队竞争方式，形成来自上级或团队的创新需求，进一步促进高权力距离对创新行为的正向调节作用；在组织文化方面，企业应建立一种以关怀支持、人际关系和谐为目标的组织文化，提高员工的凝聚力，使员工之间能够共同承担责任、共享成果，维持和谐的关系；另外，在我国集体主义传统文化的影响下，IT 服务企业中员工的归属需要较为强烈，企业可以采取措施培养员工的组织承诺和组织认同感，间接地激发员工的创新行为。

在外资 IT 服务企业的情境中，企业管理者应在重视员工权力距离的负向调节作用的同时，提高员工的集体主义导向的正向调节作用。首先，管理者应当依据员工自身优势和能力赋予团队内部更多决策权，也令他们感受到更多的自由度，激发员工创新的积极性，为团队贡献出有价值的新想法与新主意；采用扁平或网络的组织结构，使组织内部信息的传播方向由垂直型流动向水平型流动和网络型流动转化，降低高权力距离员工的沟通障碍；IT 服务项目中的个人创新离不开团队其他成员的合作和参与，在激励机制方面，也应采取基于团队的物质激励分配，进一步提高个体的集体意识，促进团队员工之间的合作，提高个人创新；在组织文化方面，外资 IT 服务企业可以建立一种以讲求效率、工作导向为主并重视文化友好的组织文化，培养员工的集体主义观念，并降低权力距离带来的负向影响。

6.4 研究不足和未来展望

本研究从知识共享和个体学习两个方面研究了其对团队结构和创新行为的影响，但是由于时间和研究实力的局限，本研究仍存在一些不足之处，需要在未来的研究中加以弥补。

首先，在第一个子研究中，对最优团队结构模型求解的过程中，只考察了员工单位知识的市场价值为定值和其与所在的层级存在简单的线性关系两种情况。但是，IT服务企业员工工资水平不平衡，特别是高技能劳动者与低技能劳动者的工资差距较大。也就是说，不同层级员工的单位知识的市场价值并不是定值或是简单的线性关系。因此，下一步的研究可以利用IT服务企业中真实员工的工资分布情况，通过拟合得到更符合现实的单位知识的市场价值函数，以为管理者提供更为精确的决策依据。

其次，本研究采用员工自我报告的方法收集问卷数据，即利用主观评估的方法测量研究构念。测量结果可能存在社会称许性问题，特别是对于创新行为测量，被调查者可能会打出高于自己实际情况的分数。未来的研究可以尝试进行自评和他评相结合的测量方式，以获得更为客观的数据。

第三，本研究虽然关注了员工个人文化价值对创新行为的影响，但是由于时间和精力的限制，只考察了权力距离和个人/集体主义两个维度上的影响，而没有考虑其他维度的影响。在未来的研究中，需要对事业成功与生活质量、不确定性规避和长期取向与短期取向维度进行详细研讨，以期更加深入、全面地了解个人价值观对创新行为的影响机制。

第四，本书从个体层面探索了个体学习对创新行为的影响机制。在文献梳理过程中发现，在组织学习理论框架下，已有文献在个体学习以及其与其他构念间关系等方面的研究较少。个体学习作为组织学习的基础，应当得到更多的关注，这为未来的研究提供了一个有意义的视角。同时，在当今强调人人创新的时代背景下，对个体学习的研究具有重要的现实意义。

附　录

IT 服务企业员工创新行为调查问卷

尊敬的女士/先生：

您好！非常感谢您在繁忙的工作中抽出时间来填写问卷。该问卷是一份学术研究问卷，目的是为了解员工在 IT 服务企业中知识共享、个体学习、创新行为以及个人价值观方面的数据特征。

该问卷所收集的所有信息仅供学术研究之用，并严格遵守保密原则。该问卷中各个题项的答案无对错之分，您可根据您的实际情况选择一个符合您个人观点的选项即可。

再次为您的付出表示感谢！祝您工作愉快！

第一部分

请根据自己的实际情况，在相应的选项上标记√。

1. 您的性别是：

A. 男　　B. 女

2. 您的年龄是：

A. 20 岁以下　　B. 20~30 岁　　C. 31~40 岁

D. 41~50 岁　　E. 51 岁及以上

D. 41~50 岁　　　　E. 51 岁及以上

3. 您的学历是：

A. 大专以下　　　　B. 本科

C. 研究生以及以上

4. 您所在组织的性质：

A. 国有 IT 服务企业　　　　B. 民营 IT 服务企业

C. 外资 IT 服务企业　　　　D. 其他

第二部分

对于下面每个问题，请根据您个人感受勾出您认为合适的选项。用 1~5 作为尺度来衡量，1 代表强烈不同意，3 代表中立，5 代表强烈同意。

我与同事分享我掌握的知识	1	2	3	4	5
我与同事分享我的工作方法	1	2	3	4	5
我与同事分享我掌握的关于公司产品和服务的技术诀窍	1	2	3	4	5
同事与我分享他们掌握的知识	1	2	3	4	5
同事与我分享他们的工作方法	1	2	3	4	5
同事与我分享他们掌握的关于公司产品和服务的技术诀窍	1	2	3	4	5
我能将技术或知识应用于新产品或服务中	1	2	3	4	5
我定期地将新技术与新产品或服务进行匹配	1	2	3	4	5
我能够优化选择应对各种问题的新措施和方案	1	2	3	4	5
我能将自身的知识进行举一反三和多方面的运用	1	2	3	4	5
我能迅速认识到新技术、知识对已有知识的有用性	1	2	3	4	5
我能迅速理解用已有技术服务我们的客户的新机会	1	2	3	4	5
我会经常考虑如何更好地利用新技术或知识	1	2	3	4	5
我会搜寻新技术、流程、工艺、产品创意	1	2	3	4	5
我会产生有创意的想法	1	2	3	4	5

续表

我会把创意向其他人宣传以赢得支持	1	2	3	4	5
我会调查并确保实施新创意所需的资金	1	2	3	4	5
我会为实施新创意制定充分的计划和日程表	1	2	3	4	5
管理者做大多数决策时不必咨询下属	1	2	3	4	5
因下属可能影响较小，管理者不必向下属征询建议	1	2	3	4	5
决策权应留给公司高管人员，不必授权给低层员工	1	2	3	4	5
员工不应质疑他们的管理者的决策	1	2	3	4	5
管理者应从事困难且重要的工作，把重复性的琐碎的任务授权给下属	1	2	3	4	5
高层管理者应该比低层管理者和专业技术人员获得更多利益和优惠	1	2	3	4	5
管理者应小心别太频繁征求下属的看法，否则会显得软弱无能	1	2	3	4	5
被团队接受成为一员比拥有自主权和独立性更重要	1	2	3	4	5
被团队接受成为一员比独立不受约束更重要	1	2	3	4	5
团队成功比个人成功更重要	1	2	3	4	5
对团队忠诚比个人获利更重要	1	2	3	4	5
鼓励下属忠诚和责任感比鼓励个人首创精神更重要	1	2	3	4	5
个人获得的回报不像团队利益那么重要	1	2	3	4	5

参考文献

[1] 杨继军，张二震．风险偏好、内生技术进步与工资不平等[J]．经济评论，2009，1：122-127.

[2] Lee, Jong-Wha, Dainn Wie. Technological Change, Skill Demand and Wage Inequality: Evidence from Indonesia [J]. World Development, 2015, 67: 238-250.

[3] 张崴，王续琨．科研团队结构对团队创造力的影响——基于研究型大学科研团队的探索性案例研究［J］．软科学，2013，27（7）：104-108.

[4] Tost, Leigh Plunkett, Francesca Gino, Richard P. Larrick. When Power Makes Others Speechless: The Negative Impact of Leader Power on Team Performance [J]. Academy of Management Journal, 2013, 56 (5): 1465-1486.

[5] Porac, Joseph F., James B. Wade, Harald M. Fischer, Joyce Brown, Alaina Kanfer, Geoffrey Bowker. Human Capital Heterogeneity, Collaborative Relationships, and Publication Patterns in A Multidisciplinary Scientific Alliance: A Comparative Case Study of Two Scientific Teams [J]. Research Policy, 2004, 33 (4): 661-678.

[6] Fan, Zhi-Ping, Bo Feng, Zhong-Zhong Jiang, Na Fu. A Method for Member Selection of R&D Teams Using the Individual and Col-

laborative Information [J]. Expert Systems with Applications, 2009, 36 (4): 8313-8323.

[7] D'souza, Geeta C., Stephen M. Colarelli. Team Member Selection Decisions for Virtual Versus Face-to-face Teams [J]. Computers in Human Behavior, 2010, 26 (4): 630-635.

[8] 孙薇, 马钦海, 于洋. 基于知识超网络的科技创新团队的组建方法 [J]. 科学学与科学技术管理, 2013, 34: 166-171.

[9] 吕洁, 张钢. 知识异质性对知识型团队创造力的影响机制: 基于互动认知的视角 [J]. 心理学报, 2015, 47 (4): 533-544.

[10] 于娱, 施琴芬, 朱卫未. 高校科研团队内部隐性知识共享绩效实证研究 [J]. 科学学与科学技术管理, 2013, (10): 21-30.

[11] Garicano, Luis. Hierarchies and the Organization of Knowledge in Production [J]. Journal of Political Economy, 2000, 108 (5): 874-904.

[12] Majchrzak, Ann, Lynne P. Cooper, Olivia E. Neece. Knowledge Reuse for Innovation [J]. Management Science, 2004, 50 (2): 174-188.

[13] Wojtczuk-Turek, Agnieszka, Dariusz Turek. The Significance of Perceived Social-organization Climate for Creating Employees' Innovativeness [J]. Management Research Review, 2016, 39 (2): 167-195.

[14] Zhang, Yingying, Angeles Montoro-Sánchez, Yu Zhou. Utilitarianism or Romanticism: The Effect of Rewards on Employees' Innovative Behaviour [J]. International Journal of Manpower, 2011, 32 (3): 81-98.

[15] Xia, Fan, Gordon Walker. How Much Does Owner Type

Matter for Firm Performance? Manufacturing Firms in China 1998—2007 [J]. Strategic Management Journal, 2014, 36 (4): 576-585.

[16] 李桦. 企业性质和企业文化的差异 [J]. 区域经济评论, 2009, (11).

[17] 张燕, 怀明云. 威权式领导行为对下属组织公民行为的影响研究——下属权力距离的调节作用 [J]. 管理评论, 2012, 24 (11): 97-105.

[18] Shane, Scott A. Why do Some Societies Invent More Than Others? [J]. Journal of Business Venturing, 1992, 7 (1): 29-46.

[19] Taylor, Mark Zachary, Sean Wilson. Does Culture Still Matter?: The Effects of Individualism on National Innovation Rates [J]. Journal of Business Venturing, 2012, 27 (2): 234-247.

[20] 杨建君, 杨慧军, 马婷. 集体主义文化和个人主义文化对技术创新方式的影响——信任的调节 [J]. 管理科学, 2013, 26 (6): 1-11.

[21] Srite, Mark, Elena Karahanna. The Role of Espoused National Cultural Values in Technology Acceptance [J]. MIS quarterly, 2006, 30 (3): 679-704.

[22] Bouncken, Ricarda, Alexander Brem, Sascha Kraus. Multi-cultural Teams as Sources for Creativity and Innovation: the Role of Cultural Diversity on Team Performance [J]. International Journal of Innovation Management, 2015.

[23] Katzenbach, Jr, Dk Smith. The Discipline of Teams [M]. Harvard Business Press, 1993.

[24] Robbins, Stephen P. Management (4th) [M]. Prentice

Hall, 1994.

[25] Cohen, Susan G., Diane E. Bailey. What Makes Teams Work: Group Effectiveness Research from the Shop Floor to the Executive Suite [J]. Journal of Management, 1997, 23 (3): 239-290.

[26] Jäntti, Marko, Virpi Hotti. Defining the Relationships Between IT Service Management and IT Service Governance [J]. Information Technology and Management, 2016, 17 (2): 141-150.

[27] Barry, B., G L Stewart. Composition, Process, and Performance in Self-managed Groups: the Role of Personality [J]. Journal of Applied Psychology, 1997, 82 (1): 62-78.

[28] 李树祥，梁巧转，杨柳青．团队认知多样性：和团队沟通对团队创造力的影响研究 [J]. 科学学与科学技术管理，2012，33 (12): 153-159.

[29] Soomro, Arjumand Bano, Norsaremah Salleh, Emilia Mendes, John Grundy, Giles Burch, Azlin Nordin. The Effect of Software Engineers' Personality Traits on Team Climate and Performance: A Systematic Literature Review [J]. Information & Software Technology, 2016, 73: 52-65.

[30] Nederveen Pieterse, Anne, Daan Van Knippenberg, Dirk Van Dierendonck. Cultural Diversity and Team Performance: the Role of Team Member Goal Orientation [J]. Academy of Management Journal, 2013, 56 (3): 782-804.

[31] Chong, Eric. Role Balance and Team Development: A Study of Team Role Characteristics Underlying High and Low Performing Teams [J]. Journal of Behavioral & Applied Management, 2007.

[32] Kristof-Brown, Amy L., Jee Young Seong, David S. Degeest, Won-Woo Park, Doo-Seung Hong. Collective Fit Perceptions: A Multi-level Investigation of Person-group Fit with Individual-level and Team-level Outcomes [J]. Journal of Organizational Behavior, 2014, 35 (7): 969-989.

[33] Finkelstein, Sydney, Donald C. Hambrick. Top-Management-Team Tenure and Organizational Outcomes: The Moderating Role of Managerial Discretion [J]. Administrative Science Quarterly, 1990, 35 (3): 484-503.

[34] Perry-Smith, Jill E., Christina E. Shalley. The Social Side of Creativity: A Static and Dynamic Social Network Perspective [J]. Academy of Management Review, 2003, 28 (1): 89-106.

[35] 王兴元，姬志恒．跨学科创新团队知识异质性与绩效关系研究 [J]. 科研管理，2013，34 (3): 14-22.

[36] 王端旭，薛会娟．交互记忆系统与团队创造力关系的实证研究 [J]. 科研管理，2011，32 (1): 122-128.

[37] Ren, Yuqing, Linda Argote. Transactive Memory Systems 1985—2010: An Integrative Framework of Key Dimensions, Antecedents, and Consequences [J]. Academy of Management Annals, 2011, 5 (1): 189-229.

[38] Lewis. Kyle, Knowledge and Performance in Knowledge-Worker Teams: A Longitudinal Study of Transactive Memory Systems [J]. Management Science, 2004, 50 (11): 1519-1533.

[39] 史丽萍，刘强，唐书林．团队自省性对团队学习能力的作用机制研究——基于交互记忆系统的中介作用和内部控制机制的调

节作用 [J]. 管理评论，2013，25 (5)：102-115.

[40] Mell, Julija N., Daan Van Knippenberg, Wendy P. Van Ginkel. The Catalyst Effect: The Impact of Transactive Memory System Structure on Team Performance [J]. Academy of Management Journal, 2014, 57 (4): 1154-1173.

[41] Feng, Bo, Zhong-Zhong Jiang, Zhi-Ping Fan, Na Fu. A Method for Member Selection of Cross-functional Teams Using the Individual and Collaborative Performances [J]. European Journal of Operational Research, 2010, 203 (3): 652-661.

[42] Jehn, Karen A. A Multi-Method Examination of the Benefits and Detriments of Intra-Group Conflict [J]. Administrative Science Quarterly, 1995, 40 (2): 256-285.

[43] Jehn, Karen A., Sonja Rispens, Sherry M. B. Thatcher. The Effects of Conflict Asymmetry on Work Group and Individual Outcomes [J]. Academy of Management Journal, 2010, 53 (3): 596-616.

[44] 赵可汗，贾良定，蔡亚华，王秀月，李珏兴. 抑制团队关系冲突的负效应：一项中国情境的研究 [J]. 管理世界，2014，(3)：119-130.

[45] 李树祥，梁巧转，孟瑶. 团队多样性氛围、团队凝聚力和团队创造能力的关系研究 [J]. 软科学，2012，27 (7)：91-95.

[46] Sze-Sze, Wong. Distal and Local Group Learning: Performance Trade-offs and Tensions [J]. Organization Science, 2004, 15 (6): 645-656.

[47] Mathieu, John E., Michael R. Kukenberger, Lauren D'innocenzo, Greg Reilly. Modeling Reciprocal Team Cohesion-Performance

Relationships, as Impacted by Shared Leadership and Members' Competence [J]. Journal of Applied Psychology, 2015, 100 (3): 713-734.

[48] 姚振华，孙海法．高管团队组成特征、沟通频率与组织绩效的关系 [J]. 软科学，2011，25 (6)：64-68，75.

[49] 吴隆增，刘军，梁淑美，吴维库．辱虐管理与团队绩效：团队沟通与集体效能的中介效应 [J]. 管理评论，2013，(8)：151-159.

[50] 刘冰，蔺璇．团队伦理气氛对团队效能的影响研究——以团队沟通为中介变量 [J]. 中国管理科学，2012，(S2).

[51] Boies, Kathleen, John Fiset, Harjinder Gill. Communication and Trust are Key: Unlocking the Relationship Between Leadership and Team Performance and Creativity [J]. Leadership Quarterly, 2015, 26 (6): 1080-1094.

[52] Rico, Ramón, Miriam Sánchez-Manzanares, Francisco Gil, Cristina Gibson. Team Implicit Coordination Processes: A Team Knowledge-based approach [J]. Academy of Management Review, 2008, 33 (1): 163-184.

[53] 杨卫忠，葛玉辉．研发团队任务与情感自反性对产品创新绩效的影响——基于长三角地区的实证研究 [J]. 科学学与科学技术管理，2012，33 (6)：138-148.

[54] Rousseau, Vincent, Caroline Aubé. Team Self-Managing Behaviors and Team Effectiveness: The Moderating Effect of Task Routineness [J]. Group & Organization Management, 2010, 35 (6): 751-781.

[55] 张子源，赵曙明，周路路，秦伟平．内隐协调对团队创造力的影响研究——任务特征的调节作用 [J]. 科学学与科学技术管理，2014，(1)：173-180.

[56] Yunhyung, Chung, Susan B. Jackson. The Internal and External Networks of Knowledge-Intensive Teams: The Role of Task Routineness [J]. Journal of Management, 2013, 39 (2): 442-468.

[57] Rayner, Stephen, Richard Riding. Towards a Categorisation of Cognitive Styles and Learning Styles [J]. Educational Psychology, 2010, 17 (1): 5-27.

[58] Willem, Annick, Marc Buelens. Knowledge Sharing in Inter-unit Cooperative Episodes: The Impact of Organizational Structure Dimensions [J]. International Journal of Information Management, 2009, 29 (2): 151-160.

[59] 杨付，张丽华．团队成员认知风格对创新行为的影响：团队心理安全感和工作单位结构的调节作用 [J]．南开管理评论，2012，15 (5)：13-25.

[60] 齐旭高，齐二石，周斌．组织结构特征对产品创新团队绩效的跨层次影响——基于中国制造企业的实证研究 [J]．科学学与科学技术管理，2013，34 (3)：162-169.

[61] Amabile, Teresa M. A Model of Creativity And Innovation In Organizations [J]. Research in Organizational Behavior, 1988, 10 (10): 123-167.

[62] Woodman, Richard W., John E. Sawyer, Ricky W. Griffin. Toward a Theory of Organizational Creativity [J]. Academy of Management Review, 1993, 18 (2): 293-321.

[63] Zhou, Jing, Jennifer M. George. When Job Dissatisfaction Leads to Creativity: Encouraging the Expression of Voice [J]. Academy of Management Journal, 2001, 44 (4): 682-696.

[64] Scott, Susanne G., Reginald A. Bruce. Determinants of Innovative Behavior: A Path Model of Individual Innovation in the Workplace [J]. Academy of Management Journal, 1994, 37 (3): 580-607.

[65] Kleysen, Robert F. Toward a multi-dimensional Measure of Individual Innovative Behavior [J]. Journal of Intellectual Capital, 2001, 2 (3): 284-296.

[66] Paul S. Myers. Knowledge Management and Organizational Design [M]. Butterworth-Heinemann. 1988.

[67] 张振刚，李云健，余传鹏．员工的主动性人格与创新行为关系研究——心理安全感与知识分享能力的调节作用 [J]. 科学学与科学技术管理，2014，35 (07): 171-180.

[68] Ng, Thomas W. H., Lorenzo Lucianetti. Within-individual Increases in Innovative Behavior and Creative, Persuasion, and Change Self-efficacy Over Time: A Social-cognitive Theory Perspective [J]. Journal of Applied Psychology, 2016, 101 (1): 14-34.

[69] 顾远东，彭纪生．组织创新氛围对员工创新行为的影响：创新自我效能感的中介作用 [J]. 南开管理评论，2010，13 (1): 30-41.

[70] 李颖，王振华，王卫征．支持性人力资源实践、自我效能感与创新行为的关系研究 [J]. 科技管理研究，2009，29 (10): 478-480，490.

[71] Kim, Tae-Yeol, Alice Hon, J. Crant. Proactive Personality, Employee Creativity, and Newcomer Outcomes: A Longitudinal Study [J]. Journal of Business & Psychology, 2009, 24 (1): 93-103.

[72] 逄键涛，温珂．主动性人格、工作满意度与员工创新行

为——对中国医药生物技术企业的实证分析［J］. 科学学研究，2016，34（1）：151-160.

［73］冯旭，鲁若愚，彭蕾. 服务企业员工个人创新行为与工作动机、自我效能感关系研究［J］. 研究与发展管理，2009，21（3）：42-49.

［74］Devloo, Toon, Frederik Anseel, Alain De Beuckelaer, Marisa Salanova. Keep the Fire Burning：Reciprocal Gains of Basic Need Satisfaction, Intrinsic Motivation and Innovative Work Behaviour［J］. European Journal of Work & Organizational Psychology, 2015, 24（4）：491-504.

［75］Grant, Adam M., James W. Berry. The Necessity of Others is the Mother of Invention：Intrinsic and Prosocial Motivations, Perspective Taking, and Creativity［J］. Academy of Management Journal, 2011, 54（1）：73-96.

［76］李敏，杜鹏程. 差错认知、激励偏好对员工创新行为的影响研究［J］. 科学学与科学技术管理，2014，（9）：161-170.

［77］Miron-Spektor, Ella, Miriam Erez, Eitan Naveh. The Effect of Conformist and Attentive-to-detail Members on Team Innovation：Reconciling the Innovation Paradox［J］. Academy of Management Journal, 2011, 54（4）：740-760.

［78］Ng, Thomas W. H., Daniel C. Feldman, Simon S. K. Lam. Psychological Contract Breaches, Organizational Commitment, and Innovation-Related Behaviors：A Latent Growth Modeling Approach［J］. Journal of Applied Psychology, 2010, 95（4）：744-751.

［79］Chang, Huo-Tsan, Hung-Ming Hsu, Jia-Wen Liou, Chi-

Tung Tsai. Psychological Contracts and Innovative Behavior: a Moderated Path Analysis of Work Engagement and Job Resources [J]. Journal of Applied Social Psychology, 2013, 43 (10): 2120-2135.

[80] Yuan, Feirong, Richard W. Woodman. Innovative Behavior in the Workplace: The Role of Performance and Image Outcome Expectations [J]. Academy of Management Journal, 2010, 53 (2): 323-342.

[81] Eisenberg, Jacob. How Individualism-Collectivism Moderates the Effects of Rewards on Creativity and Innovation: A Comparative Review of Practices in Japan and the US [J]. Creativity & Innovation Management, 1999, 8 (4): 251.

[82] Bouncken, Ricarda, Alexander Brem, Sascha Kraus. Multi-cultural Teams As Sources for Creativity and Innovation: the Role of Cultural Diversity onTeam Performance [J]. International Journal of Innovation Management, 2015.

[83] 吴沙沙，顾建平. 权力距离、员工创新行为与主管——下属关系研究 [J]. 企业经济，2015，(8)：109-113.

[84] 曹科岩，窦志铭. 组织创新氛围、知识分享与员工创新行为的跨层次研究 [J]. 科研管理，2015，36 (12)：83-91.

[85] Yeoh Khar, Kheng, Rosli Mahmood. The Relationship between Pro-Innovation Organizational Climate, Leader-Member Exchange and Innovative Work Behavior: A Study among the Knowledge Workers of the Knowledge Intensive Business Services in Malaysia [J]. Business Management Dynamics, 2013, 2 (8): 15-30.

[86] Turnipseed, Patricia H., David L. Turnipseed, Testing the Proposed Linkage between Organizational Citizenship Behaviours and an

Innovative Organizational Climate [J]. Creativity & Innovation Management, 2013, 22 (2): 209-216.

[87] 连欣，杨百寅，马月婷. 组织创新氛围对员工创新行为影响研究 [J]. 管理学报，2013，10 (7): 985-992.

[88] Hogan, Suellen J., Leonard V. Coote, Organizational Culture, Innovation, and Performance: A Test of Schein's Model [J]. Journal of Business Research, 2013, 67 (8): 1609-1621.

[89] 杨晶照，杨东涛，孙倩景. 组织文化类型对员工创新行为的作用机理研究 [J]. 科研管理，2012，33 (9): 123-129，153.

[90] Zhou, Yu, Yingying Zhang, ngeles Montoro-Sánchez. Utilitarianism or Romanticism: the Effect of Rewards on Employees' Innovative Behaviour [J]. International Journal of Manpower, 2011, 32 (1): 81-98.

[91] 杨晶照，陈勇星，马洪旗. 组织结构对员工创新行为的影响：基于角色认同理论的视角 [J]. 科技进步与对策，2012，29 (9): 129-134.

[92] 韩翼，杨百寅. 真实型领导、心理资本与员工创新行为：领导成员交换的调节作用 [J]. 管理世界，2011，(12): 78-86.

[93] Taştan, Seçil Bal, Seyed Mehdi Mousavi Davoudi. An Examination of the Relationship between Leader-member Exchange and Innovative Work Behavior with the Moderating Role of Trust in Leader: A Study in the Turkish Context [J]. Procedia-Social and Behavioral Sciences, 2015, 181: 23-32.

[94] 朱朴义，胡蓓. 科技人才工作不安全感对创新行为影响研究 [J]. 科学学研究，2014，32 (9): 1360-1368.

[95] De Spiegelaere, Stan, Guy Van Gyes, Hans De Witte, Wendy Niesen, Geert Van Hootegem. On the Relation of Job Insecurity, Job Autonomy, Innovative Work Behaviour and the Mediating Effect of Work Engagement [J]. Creativity & Innovation Management, 2014, 23 (3): 318-330.

[96] 张伶，聂婷，黄华．基于工作压力和组织认同中介调节效应检验的家庭亲善政策与创新行为关系研究 [J]. 管理学报，2014，11 (5): 683-690.

[97] Bakker, Arnold B., Evangelia Demerouti. The Job Demands-Resources Model: State of the Art [J]. Journal of Managerial Psychology, 2007, 22 (3): 309-328.

[98] Spiegelaere, Stan De, Guy Van Gyes, Geert Van Hootegem. Job Design and Innovative Work Behavior: One Size Does Not Fit All Types of Employees [J]. Journal of Entrepreneurship, Management & Innovation, 2012, 8 (4): 5-20.

[99] 景保峰．包容型领导对员工创造力的影响——基于内在动机和心理可得性的双重中介效应 [J]. 技术经济，2015，34 (3): 27-32.

[100] Denti, Leif, Sven Hemlin. Modelling the Link between Leader-member Exchange and Individual Innovation in R&D [J]. International Journal of Innovation Management, 2015.

[101] 张文勤，石金涛，刘云．团队成员创新行为的两层影响因素：个人目标取向与团队创新气氛 [J]. 南开管理评论，2010，13 (5): 22-30.

[102] Hofstede, Geert H., Culture's Consequences: International

Differences in Work-related Values [M]. Sage Publications, 1984.

[103] Hofstede, Geert. Cultures and Organizations [M]. McGraw-Hill, 1991.

[104] Zhang, Yinlong, Karen Page Winterich, Vikas Mittal. Power Distance Belief and Impulsive Buying [J]. Journal of Marketing Research (JMR), 2010, 47 (5): 945-954.

[105] Lin, Cai-Hui Veronica, Karin Sanders, Jian Min Sun, Helen Joanne Shipton, Erik Mooi. Opening the Black-Box between HRM and Firm Innovation: The Moderating Effect of Power Distance [J]. Academy of Management Proceedings, 2015, 2015 (1).

[106] 崔明哲，吴维库，金占明．领导风格、民族文化与组织承诺之间的关系研究 [J]. 科学学与科学技术管理，2010，31 (12): 178-185.

[107] 饶育蕾，张媛，刘晨．区域文化差异对个人决策偏好影响的调查研究 [J]. 统计与决策，2012，(22): 93-98.

[108] Halkos, George E., Nickolaos G. Tzeremes. Modelling the Effect of National Culture on Countries' innovation Performances: A Conditional Full Frontier Approach [J]. International Review of Applied Economics, 2013, 27 (5): 656-678.

[109] Efrat, Kalanit. The Direct and Indirect Impact of Culture on innovation [J]. Technovation, 2014, 34 (1): 12-20.

[110] 杜旌，穆慧娜，刘艺婷．集体主义的确阻碍创新吗？——一项基于情景作用的实证研究 [J]. 科学学研究，2014，32 (6): 919-926.

[111] Škerlavaj, Miha, Ji Hoon Song, Youngmin Lee. Organiza-

tional Learning Culture, Innovative Culture and Innovations in South Korean Firms [J]. Social Science Electronic Publishing, 2010, 37 (9): 6390-6403.

[112] 王飞绒, 方艳军. 基于组织学习的组织文化与技术创新绩效关系的实证研究 [J]. 研究与发展管理, 2013, 25 (1): 36-43.

[113] Acar, A. Zafer. Organizational Culture, Leadership Styles and Organizational Commitment in Turkish Logistics Industry [J]. Procedia Social and Behavioral Sciences, 2012, 58 (58): 217-226.

[114] 金辉, 杨忠, 黄彦婷, 吴洁. 组织激励、组织文化对知识共享的作用机理——基于修订的社会影响理论 [J]. 科学学研究, 2013, 31 (11): 1697-1707.

[115] 李靖华, 庞学卿. 组织文化、知识转移与新服务开发绩效: 城市商业银行案例 [J]. 管理工程学报, 2011, 25 (4): 163-171.

[116] 刘云, 石金涛. 组织创新气氛对员工创新行为的影响过程研究——基于心理授权的中介效应分析 [J]. 中国软科学, 2010, (3): 133-144.

[117] Kaasa, Anneli, Maaja Vadi. How does Culture Contribute to Innovation? Evidence from European Countries [J]. Economics of Innovation & New Technology, 2010, 19 (7): 583-604.

[118] Naranjovalencia, Julia C., Daniel Jiménezjiménez, Raquel Sanzvalle. Innovation or Imitation? The Role of Organizational Culture [J]. Management Decision, 2011, 49 (1): 55-72.

[119] Rodriguez, Raul Pelagio, Maria Regina M. Hechanova. A Study of Culture Dimensions, Organizational Ambidexterity, and Perceived Innovation in Teams [J]. Journal of Technology Management & Innova-

tion, 2014, 9 (3): 21-33.

[120] Straub, Detmar, Karen Loch, Roberto Ev Aristo, Elena Karahanna, Mark Srite. Toward a Theory-Based Measurement of Culture [J]. Journal of Global Information Management, 2002, 10 (1): 13.

[121] Campbell, Anne. Cultural Identity as a Social Construct [J]. Intercultural Education, 2000, 11 (1): 31-39.

[122] Triandis, H. C. Individualism & collectivism [J]. Westview Press, 1995.

[123] Politis, Diamanto. The Process of Entrepreneurial Learning: A Conceptual Framework [J]. Entrepreneurship: Theory & Practice, 2005, 29 (4): 399-424.

[124] Lewin, Kurt. Field Theory in Social Science: Selected Theoretical Papers [J]. Psychological Bulletin, 1951, 48 (6): 520-521.

[125] Kolb, David. Experiential Learning: Experience as the Source of Learning and Development [M]. Englewood Cliffs: Englewood Cliffs, 1984.

[126] Dyer, Jeffrey H., Harbir Singh. The Relational View: Cooperative Strategy and Sources of Interorganizational Competitive Advantage [J]. Academy of Management Review, 1998, 23 (4): 660-679.

[127] Argyris, Ch., D. A. Schön. Organizational Learning: A Theory of Action Perspective [J]. Organizational Learning A Theory of Action Perspective, 1978, 10 (77): 345-350.

[128] Verdú-Jover, Antonio J., Javier F. Lloréns-Montes, Víctor J. García-Morales. Flexibility, Fit and Innovative Capacity: an Empirical Examination [J]. International Journal of Technology Management, 2005,

30 (1): 131-146.

[129] Mascarenhas, Briance. The Need for Strategic Flexibility [J]. Journal of Business Strategy, 1984, 5 (2): 74-82.

[130] Edmondson, Amy, Bertrand Moingeon. From Organizaitonal Learning to the Learning Organization [J]. Journal of management Learning 1998, 29 (1): 5-20.

[131] 陈国权，马萌．组织学习的过程模型研究 [J]. 管理科学学报，2000，3 (3): 15-23.

[132] Dixon, Nancy, The Organizational Learning Cycle. How We Can Learn Collectively [M]. McGraw-Hill Book Company Europe, Shoppenhangers Road, Maidenhead, Berkshire SL6 2QL, United Kingdom, 1994: 141.

[133] Crossan, Mary M., Henry W. Lane, Roderick E. White, Lisa Djurfeldt. Organizational Learning: Dimensions for a Theory [J]. International Journal of Organizational Analysis, 1995, 3 (4): 337-360.

[134] Lawrence, Thomas B., Michael K. Mauws, Bruno Dyck, Robert F. Kleysen. The Politics of Organizational Learning: Integrating Power into the 4I Framework [J]. Academy of Management Review, 2005, 30 (1): 180-191.

[135] Fichman, Robert G., Chris F. Kemerer. The Assimilation of Software Process Innovations: An Organizational Learning Perspective [J]. Management Science, 1997, 43 (10): 1345-1363.

[136] 芮明杰，方统法．论知识型企业学习能力的塑造与增强 [J]. 上海管理科学，2002，(1): 22-25.

[137] Cyert, Richard Michael, James G March. A Behavioral

Theory of the Firm [M]. Englewood Cliffs: Prentice-Hall, 1963.

[138] 陈国权. 复杂变化环境下人的学习能力：概念、模型、测量及影响 [J]. 中国管理科学，2008，16（1）：147-157.

[139] Dibrell, Clay, Justin B. Craig, Donald O. Neubaum. Linking the Formal Strategic Planning Process, Planning Flexibility, and Innovativeness to Firm Performance [J]. Journal of Business Research, 2014, 67 (9): 2000-2007.

[140] Fernández-Mesa, Anabel, Joaquín Alegre. Entrepreneurial Orientation and Export Intensity: Examining the Interplay of Organizational Learning and Innovation [J]. International Business Review, 2015, 24 (1): 148-156.

[141] Gimzauskiene, Edita, Kestutis Duoba, Xavier Pavie, Ashly Pinnington, Mantas Vilkas, Jurgita Giniuniene, Lolita Jurksiene. Dynamic Capabilities, Innovation and Organizational Learning: Interrelations and Impact on Firm Performance [J]. Procedia-Social and Behavioral Sciences, 2015, 213: 985-991.

[142] Wang, Yu-Lin, Andrea D. Ellinger. Organizational learning Perception of External Environment and Innovation Performance [J]. International Journal of Manpower, 2011, 32 (5/6): 512-536.

[143] Husain, Zafar, Mumin Dayan, C. Anthony Di Benedetto. The Impact of Networking on Competitiveness via Organizational Learning, Employee Innovativeness, and Innovation Process: A Mediation Model [J]. Journal of Engineering and Technology Management, 2016.

[144] Sheng, Margaret L., Iting Chien. Rethinking Organizational Learning Orientation on Radical and Incremental Innovation in High-tech

Firms [J]. Journal of Business Research, 2016, 69 (6): 2302-2308.

[145] 许晖，李文．高科技企业组织学习与双元创新关系实证研究 [J]. 管理科学，2013，(4)：35-45.

[146] Mackinnon, D. W. Personality and The Realization of Creative Potential [J]. American Psychologist, 1965, 20 (4): 273-281.

[147] Wolfradt, Uwe, Jean E. Pretz. Individual Differences in Creativity: Personality, Story Writing, and Hobbies [J]. European Journal of Personality, 2001, 15 (4): 297-310.

[148] 张国梁，卢小君．组织的学习型文化对个体创新行为的影响——动机的中介作用分析 [J]. 研究与发展管理，2010，22 (2)：16-23.

[149] 赵晨，陈国权，高中华．领导个人学习对组织学习成效的影响：基于情境型双元平衡的视角 [J]. 管理科学学报，2014，(10)：38-49.

[150] 李栓久，陈维政．个人学习、团队学习和组织学习的机理研究 [J]. 西南民族大学学报：人文社科版，2007，28 (9)：214-218.

[151] 潘培培，贺永正，卢珂．基于层级转化视角的个人学习、团队学习和组织学习关系研究 [J]. 中国管理科学，2014，(S1).

[152] 陈国权，赵晨．变化环境下组织中多层次学习及整体协调优化的仿真研究 [J]. 中国管理科学，2011，(2)：183-192.

[153] Grant, Robert M. Toward a Knowledge-based Theory of the Firm [J]. Strategic Management Journal, 1996, 17 (S2): 109-122.

[154] Bartol, Kathryn M., Abhishek Srivastava. Encouraging Knowledge Sharing: The Role of Organizational Reward Systems [J].

Journal of Leadership & Organizational Studies, 2002, 9 (1): 64-76.

[155] Kelloway, E. Kevin, Catherine E. Connelly, Predictors of Employees' Perceptions of Knowledge Sharing Cultures [J]. Leadership & Organization Development Journal, 1980, 24 (5): 294-301.

[156] Ridder, Jan A. De, Bart Van Den Hooff. Knowledge Sharing in Context: The Influence of Organizational Commitment, Communication Climate and CMC Use on Knowledge Sharing [J]. Journal of Knowledge management, 2004, 8 (6): 117-130.

[157] 闫芬，陈国权. 实施大规模定制中组织知识共享研究 [J]. 管理工程学报，2002，16 (3)：39-44.

[158] Koh, Christine, Soon Ang, Detmar W. Straub, IT Outsourcing Success: A Psychological Contract Perspective [J]. Information Systems Research, 2004, 15 (4): 356-373.

[159] Bock, Gee Woo, Robert W. Zmud, Young Gul Kim, Jae Nam Lee. Behavioral Intention Formation in Knowledge Sharing: Examining the Roles of Extrinsic Motivators, Social-psychological Factors, and Organizational Climate [J]. MIS quarterly, 2005, 29 (1): 87-111.

[160] 沈其泰，黄敏萍，郑伯埙. 团队共享心智模式与知识分享行为：成员性格特质与性格相似性的调节结果 [J]. 管理学报，2004，21.

[161] Li, Xiao, Paul Hong, Abraham Y. Nahm, William J. Doll. Knowledge Sharing in Integrated Product Development [J]. European Journal of Innovation Management, 2004, 7 (2): 102-112.

[162] Chen, Li Yueh, F. Barry Barnes. Leadership Behaviors and Knowledge Sharing in Professional Service Firms Engaged in Strategic Alli-

ances [J]. Journal of Applied Management & Entrepreneurship, 2006, 11 (4).

[163] Nonaka, Ikujiro, Hirotaka Takeuchi. The Knowledge - creating Company: How Japanese Companies Create the Dynamics of Innovation [J]. USA: Oxford University Press, 1995.

[164] 曹勇，向阳．企业知识治理、知识共享与员工创新行为——社会资本的中介作用与吸收能力的调节效应 [J]. 科学学研究，2014，32 (1)：92-102.

[165] Lin, Hsiu-Fen. Knowledge Sharing and Firm Innovation Capability: an Empirical Study [J]. International Journal of Manpower, 2007, 28 (3/4): 315-332.

[166] 曾萍，邓腾智，曾雄波．IT 基础、知识共享与组织创新——来自珠三角企业的经验证据 [J]. 科学学研究，2011，29 (11)：1696-1708.

[167] Heffner, Michael, Nawaz Sharif. Knowledge Fusion for Technological Innovation in Organizations [J]. Journal of Knowledge Management, 2008, 12 (2): 79-93.

[168] 张军，许庆瑞，张素平．知识积累，知识激活与创新能力关系研究 [J]. 中国管理科学，2014，22 (010)：142-148.

[169] Chamberlin, Tyler, Jerome Doutriaux, John Hector. Business Success Factors and Innovation in Canadian Service Sectors: an Initial Investigation of Inter - sectoral Differences [J]. The Service Industries Journal, 2010, 30 (2): 225-246.

[170] Carlo, Jessica Luo, Kalle Lyytinen, Gregory M. Rose. A Knowledge-based Model of Radical Innovation in Small Software Firms

[J]. MIS Quarterly, 2012, 36 (3): 865-895.

[171] Chen, Si - Hua, Chang - Qi Tao, Wei He. Empirical Research on Relationship of Knowledge Integration and Innovation Ability of IT Enterprise [J]. International Journal of Networking & Virtual Organisations, 2012, 11 (3/4): 315-328.

[172] Pfeffer, Jeffrey, Robert I Sutton. The Knowing-doing Gap: How Smart Companies Turn Knowledge into Action [M]. Harvard Business Press, 2013.

[173] Wang, Zhining, Nianxin Wang. Knowledge Sharing, Innovation and Firm Performance [J]. Expert Systems with Applications, 2012, 39 (10): 8899-8908.

[174] Fan, Zhi-Ping, Bo Feng, Zhong-Zhong Jiang, Na Fu. A Method for Member Selection of R & D amp; teams using the Individual and Collaborative Information [J]. Expert Systems with Applications, 2009, 36 (4): 8313-8323.

[175] 王晓红，张宝生，陈浩．虚拟科技创新团队成员选择决策研究——基于多级可拓综合评价 [J]. 科研管理，2011，32：108-112，120.

[176] Ning, Nan, S. Kumar. Joint Effect of Team Structure and Software Architecture in Open Source Software Development [J]. Engineering Management, IEEE Transactions on, 2013, 60 (3): 592-603.

[177] 廖媛红．基于模糊聚类和灰色决策的项目团队组建方法研究 [J]. 技术经济与管理研究，2010，3：14-17.

[178] Chesbrough, Henry, Wim Vanhaverbeke, Joel West. Open Innovation: Researching a New Paradigm [M]. Oxford University

Press, 2006.

[179] Nickerson, Jack A., Todd R. Zenger. A Knowledge-Based Theory of the Firm——The Problem-Solving Perspective [J]. Organization Science, 2004, 15 (6): 617-632.

[180] Felin, Teppo, Todd R. Zenger. Closed or Open Innovation? Problem Solving and the Governance Choice [J]. Research Policy, 2014, 43 (5): 914-925.

[181] Wu, Yanhui. Organizational Structure and Product Choice in Knowledge-Intensive Firms [J]. Management Science, 2015, 61 (8): 1830-1848.

[182] Winter, Sidney G., Richard R. Nelson. An Evolutionary Theory of Economic Change [M]. Belknap Press of Harvard University Press, 1982.

[183] 李莉，党兴华，张首魁．基于知识位势的技术创新合作中的知识扩散研究 [J]. 科学学与科学技术管理，2007，28：107-112.

[184] Casillas, Jose C., Jose L. Barbero, Harry J. Sapienza, Knowledge Acquisition, Learning, and the Initial Pace of Internationalization [J]. International Business Review, 2015, 24 (1): 102-114.

[185] 商淑秀，张再生．虚拟企业知识共享演化博弈分析 [J]. 中国软科学，2015，3：150-157.

[186] 王林辉，蔡啸，高庆昆．中国技术进步技能偏向性水平：1979—2010 [J]. 经济学动态，2014，(4)：56-65.

[187] Estrada, Isabel, Dries Faems, Pedro De Faria. Coopetition and Product Innovation Performance: The Role of Internal Knowledge Sharing Mechanisms and Formal Knowledge Protection Mechanisms [J]. In-

dustrial Marketing Management, 2015.

[188] Choi, Sue Young, Heeseok Lee, Youngjin Yoo. The Impact of Information Technology and Transactive Memory Systems on Knowledge Sharing, Application, and Team Performance: a Field Study [J]. MIS Q., 2010, 34 (4): 855-870.

[189] 顾基发，张玲玲. 知识管理 [M]. 北京：科学出版社，2009.

[190] 龙勇，潘红春. 供应链协同对企业创新的影响效应研究——基于知识共享视角 [J]. 科技进步与对策，2014，(3): 138-143.

[191] 王进. 产业群聚、知识共享、生态创新与企业竞争优势关系的实证研究 [J]. 软科学，2014，28 (9): 74-77，104.

[192] 王士红，彭纪生. 学习型组织对于知识共享以及创新的影响研究 [J]. 科学管理研究，2009，27 (2): 63-67.

[193] Vance, Charles M., David M. Boje, Mark E. Mendenhall, H. Richard Kropp. A Taxonomy of Individual Learning Benefits From External Knowledge-sharing Meetings [J]. Human Resource Development Quarterly, 1991, 2 (1): 37-52.

[194] 路琳，梁学玲. 知识共享在人际互动与创新之间的中介作用研究 [J]. 南开管理评论，2009，12 (1): 118-123.

[195] 王永贵，王娜，赵宏文. 组织记忆、组织学习与供应商创新能力关系研究——基于外包情境的实证研究 [J]. 科研管理，2014，35 (10): 1-8.

[196] 吴勇，朱卫东. 知识共享方式对团队创造力影响的实证研究：团队学习能力的调节效应 [J]. 中国科技论坛，2013，(4):

127-134.

[197] 陶咏梅. 组织创新氛围、个体学习能力和组织承诺、个体创新行为关系研究 [D]. 吉林大学, 2003.

[198] Glynn, Mary Ann. Innovative Genius: A Framework for Relating Individual and Organizational Intelligences to Innovation [J]. Academy of Management Review, 1996, 21 (4): 1081-1111.

[199] Jansen, Justin J. P., Frans A. J. Van Den Bosch, Henk W. Volberda. Exploratory Innovation, Exploitative Innovation, and Performance: Effects of Organizational Antecedents and Environmental Moderators [J]. Management Science, 2006, 52 (11): 1661-1674.

[200] Gopal, Anandasivam, Sanjay Gosain. The Role of Organizational Controls and Boundary Spanning in Software Development Outsourcing: Implications for Project Performance [J]. Information Systems Research, 2010, 21 (4): 960-982.

[201] Håkansson, Håkan, Alexandra Waluszewski. Path Dependence: Restricting or Facilitating Technical Development? [J]. Journal of Business Research, 2002, 55 (7): 561-570.

[202] 谭云清, 马永生, 李元旭. 社会资本, 动态能力对创新绩效的影响: 基于我国国际接包企业的实证研究 [J]. 中国管理科学, 2013, 21 (11): 784-789.

[203] Leonardi, Paul M. Social Media, Knowledge Sharing, and Innovation: Toward a Theory of Communication Visibility [J]. Information Systems Research, 2014, 25 (4): 796-816.

[204] 王重鸣. 心理学研究方法 [M]. 北京: 人民教育出版社, 2000.

[205] 陈晓萍，徐淑英，樊景立．组织与管理研究的实证方法［M］．北京：北京大学出版社，2008.

[206] Lichtenthaler, Ulrich. Absorptive Capacity, Environmental Turbulence, and the Complementarity of Organizational Learning Processes [J]. Academy of Management Journal, 2009, 52 (4): 25.

[207] Hair Jr, Joseph F, G Tomas M Hult, Christian Ringle, Marko Sarstedt. A Primer on Partial Least Squares Structural Equation Modeling (PLS-SEM) [M]. 2013, Los Angeles: Sage Publications.

[208] Cenfetelli, Ronald T., Geneviève Bassellier. Interpretation of Formative Measurement in Information Systems Research [J]. MIS quarterly, 2009, 33 (4): 689-707.

[209] Hair, Joe F., Christian M. Ringle, Marko Sarstedt. PLS-SEM: Indeed a silver bullet [J]. The Journal of Marketing Theory and Practice, 2011, 19 (2): 139-151.

[210] Gefen, David, Detmar W. Straub, Marie Claude Boudreau. Structural Equation Modeling And Regression: Guidelines For Research Practice [J]. Communications of the Association for Information Systems, 2010, 4 (7).

[211] Straub, Detmar, Marie-Claude Boudreau, David Gefen. Validation Guidelines for IS Positivist Research [J]. Communications of the Association for Information Systems, 2004, 13 (24): 380-427.

[212] Fornell, Claes, David F. Larcker. Evaluating Structural Equation Models with Unobservable Variables and Measurement Error [J]. Journal of Marketing Research, 1981, 18 (1): 39-50.

[213] Diamantopoulos, Adamantios, Judy A. Siguaw. Formative Ver-

sus Reflective Indicators in Organizational Measure Development: A Comparison and Empirical Illustration [J]. British Journal of Management, 2006, 17 (4): 263-282.

[214] Zhao, Xinshu, John G. Lynch, Qimei Chen. Reconsidering Baron and Kenny: Myths and Truths about Mediation Analysis [J]. Journal of Consumer Research, 2010, 37 (2): 197-206.

[215] Preacher, Kristopher J., Andrew F. Hayes. Asymptotic and Resampling Strategies for Assessing and Comparing Indirect Effects in Multiple Mediator Models [J]. Behavior Research Methods, 2008, 40 (3): 879-891.

[216] Podsakoff, P. M., S. B. Mackenzie, J. Y. Lee, N. P. Podsakoff. Common Method Biases in Behavioral Research: A Critical Review of the Literature and Recommended Remedies [J]. Journal of Applied Psychology, 2003, 88 (5): 879-903.

[217] Liang, Huigang, Nilesh Saraf, Qing Hu, Yajiong Xue. Assimilation of Enterprise Systems: the Effect of Institutional Pressures and the Mediating Role of Top Management [J]. MIS quarterly, 2007, 31 (31): 59-87.

[218] Chin, Wynne W., Barbara L. Marcolin, Peter R. Newsted. A Partial Least Squares Latent Variable Modeling Approach for Measuring Interaction Effects: Results from a Monte Carlo Simulation Study and an Electronic - Mail Emotion/Adoption Study [J]. Information Systems Research, 2003, 14 (2): 189-217.

[219] Chatzkel, Jay, Artie W. Ng. The Emergence of Contemporary Chinese Enterprise: The Heterogeneity of National Culture, Corporate

Controls and Integration Approaches in M&As [J]. Thunderbird International Business Review, 2013, 55 (5): 593-608.

[220] 李霞. 高校创新型科研团队知识共享行为、习行为及团队绩效研究 [J]. 软科学, 2012, 26 (6): 83-87, 91.

[221] Warner, Malcolm. Understanding Management in China: Past, Present and Future [M]. 2014, London and New York: Routledge.

[222] 廖建桥, 赵君, 张永军. 权力距离对中国领导行为的影响研究 [J]. 管理学报, 2010, 07 (7): 988-992.

[223] Mccrae, Robert R., Oliver P. John. An Introduction to the Five-Factor Model and Its Applications [J]. Journal of Personality, 1992, 60 (2): 175-215.

[224] Bandura, Albert. Self-efficacy: Toward a Unifying Theory of Behavioral Change [J]. Psychological Review, 1977, 84 (2): 191-215.

[225] 毕重增, 黄希庭. 自信社会认知的自我——同学目标比较分析 [J]. 心理科学, 2008, 31 (4): 800-804, 799.

[226] 阮国祥, 毛荐其. 社会资本、社会认知和团队知识转移 [J]. 情报杂志, 2010, 29 (1): 151-154.

[227] 朱镇, 赵晶. 企业电子商务采纳的战略决策行为: 基于社会认知理论的研究 [J]. 南开管理评论, 2011, 14 (3): 151-160.

[228] 汪秀婷, 杜海波, 江澄, 张沥之. 技术创新网络中核心企业对创新绩效影响: 沟通和信任的中介作用研究 [J]. 科学学与科学技术管理, 2012, 33 (12): 37-44.

[229] Botero, Isabel C., Linn Van Dyne. Employee Voice Behavior: Interactive Effects of LMX and Power Distance in the United States and Colombia [J]. Management Communication Quarterly, 2009, 23

(1): 84-104.

[230] Chao, Joe M. C., Francis Y. L. Cheung, Anise M. S. Wu. Psychological Contract Breach and Counterproductive Workplace Behaviors: Testing Moderating Effect of Attribution Style and Power Distance [J]. International Journal of Human Resource Management, 2011, 22 (4): 763-777.

[231] Goncalo, Jack A., Barry M. Staw. Individualism Collectivism and Group Creativity [J]. Organizational Behavior and Human Decision Processes, 2006, 100 (1): 96-109.

[232] Petter, Stacie, Detmar Straub, Arun Rai. Specifying Formative Constructs in Information Systems Research [J]. MIS Quarterly, 2007, 31 (4): 34.

[233] Muller, Keith. Statistical Power Analysis for the Behavioral Sciences [J]. Statistical Power Analysis for the Behavioral Sciences, 1989, 2 (363): 19-74.

[234] Bandura, Albert. Social Foundations of Thought and Action: A Social Cognitive Theory [J]. Pearson Schweiz Ag, 1986.

[235] 汪旭晖，徐健. 零售显性技能本土化对跨国零售商海外市场顾客满意的影响——基于沃尔玛中美顾客感知差异的分析 [J]. 经济管理，2011，(6): 99-108.

[236] 吴晓云，卓国雄，邓竹箐. 跨国经营：全球品牌战略与本土化管理——以摩托罗拉手机全球品牌和60家相关公司的实证资料为案例 [J]. 管理世界，2005，(10): 139-146.

[237] Hofstede, Geert, Culture's Recent Consequences: Using Dimension Scores in Theory and Research [J]. International Journal of Cross Cultural Management, 2001.

[238] Madlock, Paul E. The Influence of Power Distance and Communication on Mexican Workers [J]. Journal of Business Communication, 2012, 49 (2): 169-184.

[239] Kelman, Herbert C. Compliance, Identification, and Internalization: Three Processes of Attitude Change [J]. The Journal of conflict resolution, 1958, 2 (1): 51-61.

[240] Vandenberg, Robert J., Robin M. Self, Seo Jai Hyun. A Critical Examination of the Internalization, Identification, and Compliance Commitment Measures [J]. Journal of Management, 1994, 20 (1): 123.

[241] Jung, Dong I, Bruce J Avolio. Effects of Leadership Style and Followers' Cultural Orientation on Performance in Group and Individual Task Conditions [J]. Academy of Management Journal, 1999, 42 (2): 208-218.

[242] Earley, P. Christopherp. East Meets West Meets Mideast: Further Explorations of Collectivistic and Individualistic Work Groups [J]. Academy of Management Journal, 1993, 36 (2): 319-348.

[243] Ji, Junzhe, Pavlos Dimitratos. Confucian Dynamism and Dunning's Framework: Direct and Moderation Associations in Internationalized Chinese Private Firms [J]. Journal of Business Research, 2013, 66 (12): 2375-2382.

[244] Meyer, John P., Natalie J. Allen. A Three-component Conceptualization of Organizational Commitment [J]. Human Resource Management Review, 1991, 1 (1): 61-89.

[245] 肖鹏，齐菲，杜鹏程. 民营企业研发人员的柔性管理策略 [J]. 科技进步与对策，2012，29 (16)：146-149.